Cómo establecer límites:

Protégete a ti mismo, exprésate con firmeza, recupera el control y libérate

Por **Patrick King**
Entrenador de conversación e interacción social
www.PatrickKingConsulting.com

Traducido por **Guillermo Imsteyf**

Contenido

CÓMO ESTABLECER LÍMITES: *PROTÉGETE A TI MISMO, EXPRÉSATE CON FIRMEZA,* 2

RECUPERA EL CONTROL Y LIBÉRATE 2

CONTENIDO 4

CAPÍTULO UNO: LA LÍNEA EN LA ARENA 6

TRAZANDO LA LÍNEA 13
¿TE ENCUENTRAS EN UNA SITUACIÓN DE NECESIDAD? 27

CAPÍTULO DOS: TU RELACIÓN CON LOS LÍMITES 35

LA DECLARACIÓN CONDICIONAL 41
UNA DEFINICIÓN IMPORTANTE 45
PERO, ¿CUÁL ES EL ORIGEN DE TODO ESTO? 54
AUTOEVALUACIÓN 66

CAPÍTULO TRES: LÍMITES FUERTES, DÉBILES, BUENOS Y MALOS 78

ENCONTRAR EL EQUILIBRIO 85
ENTRE LA ESPADA Y LA PARED: DRENAJE EMOCIONAL Y SOLEDAD 93
UNA PIRÁMIDE SIMPLE 100
SE NECESITAN DOS PARA BAILAR EL TANGO 103

CAPÍTULO CUATRO: CONÓCETE A TI MISMO 114

En primera persona	120
Tú en relación con los demás	124
Detectando el abuso	130
Tu rol, tus necesidades	137
El hábito de los límites	148

CAPÍTULO CINCO: CONSTRUYENDO LÍMITES LADRILLO A LADRILLO — 154

Errores comunes	170
Cómo tratar con infractores reincidentes	177

CAPÍTULO SEIS: NO ES TU TURNO — 190

Priorizar cuidadosamente a los demás	197

Capítulo uno: La línea en la arena

Un límite es de algo que solemos dar por sentado; nunca pensamos realmente en los límites hasta que dejan de funcionar. Es fácil ver dónde están los límites de nuestro cuerpo físico, pero ¿dónde están los límites psicológicos, emocionales o espirituales? ¿Tenemos una idea clara de dónde termina y comienza el resto del mundo? Es común suponer que los demás respetarán automáticamente los límites entre ellos y nosotros, o que nos harán saber si los cruzamos.

Sin embargo, crear y mantener límites no es una habilidad que se nos haya enseñado expresamente. Tendemos a asumir que los límites flexibles son buenos y nos hacen agradables a los demás, sin embargo, podemos experimentar años de malas relaciones con los demás antes de darnos cuenta de que son precisamente nuestros límites la fuente de nuestros problemas. Del mismo modo, es fácil asociar los límites estrictos con una personalidad reservada y un elevado respeto por uno mismo, pero estos a la vez dificultan la capacidad para formar vínculos sociales saludables.

En este libro, analizaremos de cerca qué es realmente un límite, qué tipos de límites existen, y cómo convertir los límites no saludables en condiciones beneficiosas y no negociables. Dado que puede resultar complicado reconocer un límite mal establecido, aprenderemos a identificar sus síntomas típicos. También estudiaremos los indicios que ayudan a reconocer los límites insuficientes, que son menos frecuentes.

Al indagar en profundidad en las creencias inconscientes que inspiran y motivan nuestro comportamiento diario, podemos comenzar a desentrañar los hábitos que nos mantienen atrapados en dinámicas irrespetuosas, agotadoras e incluso abusivas. A partir de ahí, podemos comenzar a construir identidades que se alineen con las vidas que realmente queremos para nosotros. Los límites pueden no parecer un gran problema a simple vista; sin embargo, aprender a dominarlos resulta clave para lograr una óptima salud mental, física y espiritual.

La siguiente historia es completamente ficticia, pero situaciones similares han ocurrido en numerosas ocasiones en todo el mundo. Puede que incluso te haya sucedido a ti. Intenta ver si puedes reconocerte en ella.

Una mujer soltera sale con frecuencia, y prueba nuevas y diversas formas de conocer gente. Un día, la amiga de su madre le programa una cita con un joven con el que todos creen que se llevará bien. La mujer se siente incómoda e insegura con la idea, pero accede para complacer a su madre (ciertamente algo entrometida). «Solo dale una oportunidad», le dicen todos y, a pesar de no estar interesada, la mujer asiste a la cita.

El hombre concurre al restaurante a la hora acordada y a la mujer le desagrada de inmediato. Lo encuentra poco atractivo, aburrido y todo lo contrario a lo que está buscando. Pero a pesar de su incomodidad y de su deseo de dar por terminada la cita de inmediato, no puede soportar la idea de parecer cruel o grosera, razón por la cual se esfuerza por sonreír y ser amable.

Interiormente, se critica a sí misma por ser tan exigente y superficial. Al final de la cita, ella acaba exhausta por el esfuerzo y quiere escaparse de allí, pero el hombre sugiere ir a tomar un helado juntos. El corazón de la mujer se siente oprimido. Él se muestra tan entusiasmado. Sintiéndose culpable y acorralada, acepta. Ella no dice nada cuando él le toca el brazo, y tampoco dice nada cuando más tarde él intenta tomar su mano.

Después del helado, la mujer rápidamente acepta una segunda cita para evitar parecer mala o desagradecida. Mientras tanto, lo que realmente quiere decir es: «Gracias por tu tiempo, pero no me interesas». ¿Cómo se sentiría su madre? ¿Acaso le diría que algo anda mal en ella por nunca estar satisfecha con nadie? ¿Y qué hay del hombre? ¿Acaso se sentiría herido por el rechazo? La mujer se siente extremadamente responsable por los sentimientos de los demás y sigue diciendo «Sí» cuando en realidad quiere decir «No».

A la cuarta vez que salen, el hombre la invita a su casa. Ella no quiere ir, pero no quiere parecer mojigata, poco aventurera o aburrida, así que va de todos modos.

Se muerde la lengua cada vez que el hombre dice algo que ella sabe que es incorrecto, acepta un trago cuando preferiría no beber y se ríe de chistes que no le causan gracia. Después de todo, lo último que quisiera es hacerlo sentir incómodo.

Finalmente, la mujer se siente tan «usada» que le grita groseramente, lo evita por completo y se niega a contestar sus llamadas. Él se enoja y se pregunta por qué ella lo «engañó». Todos los demás se sienten confundidos, ¿acaso no estaban llevándose muy bien? La propia mujer tiene dificultades para comprender lo que sucedió. Él era un buen tipo y ella se esforzaba mucho por hacer lo correcto.

Entonces, ¿por qué todo terminó tan mal?

Consideremos otro ejemplo. A una mujer le resulta difícil progresar en su carrera. Es agradable y buena en lo que hace, pero por alguna razón, siempre que dan un ascenso en el trabajo, evitan dárselo a ella. Un día, durante una reunión, se da cuenta de que su nombre está mal escrito en un documento. Decide no hacer mención al asunto para no causar problema. Uno de sus colegas más jóvenes presenta como propia una idea que es suya. Ella enfurece, pero siente lástima por su colega y decide dejarlo pasar. ¡Ella sabe bien lo difícil que es hacerse un nombre! Se convence de que en realidad no le importa, pues seguramente se le ocurrirán más ideas.

En esa misma reunión, se le asigna una tarea que no corresponde a su trabajo y que, por otra parte, le demandará mucho tiempo y energía que ella no tiene. Desafortunadamente, no se siente lo suficientemente valiente ni con el derecho a decir «No», así que acepta realizar la tarea. De regreso a casa esa misma noche, muchas horas después de la hora de salida habitual, mientras responde correos electrónicos en el tren, ve un mensaje que le informa que le han asignado la organización de un evento en la oficina para la semana próxima.

No solo no ha sido debidamente informada sobre el evento, sino que supusieron que ella lo organizaría por el solo hecho de haber organizado un evento similar el año anterior. Hacia fines de ese año, se le pide a la mujer que capacite a su colega joven, aquel que robó su idea, pues tienen la intención de ascenderlo. Enojada y molesta, se dirige a su jefe para preguntarle por qué jamás la consideró para el puesto. Su respuesta la desconcierta: «Tú nunca lo pediste».

La mujer de nuestro ejemplo es una trabajadora lúcida y esforzada, con todas las habilidades y la experiencia necesarias para tener éxito en su campo. De hecho, sus compañeros la consideran indispensable y se apoyan mucho en ella. Ella se sabe buena en lo que hace, y sin embargo ¿por qué se siente tan inútil? ¿Por qué parece no avanzar nunca?

Trazando la línea

Estas mujeres (y hombres, por supuesto) pueden tener problemas con la asertividad o la autoestima, pero su mayor problema es simple: límites deficientes. La mujer del primer ejemplo supo instantáneamente que no estaba interesada en el hombre y que no quería continuar con su cita, pero nunca se sintió capaz de explicitar ese límite, de decir con confianza «no» a lo que no quiere, sin sentirse mala persona. En cambio, decide permitir que otras personas se entrometan psicológica, emocional e incluso físicamente, cuando en realidad preferiría que se mantuvieran a distancia. Si bien ella supone que hacerlo la convierte en una persona «agradable», cuando ella finalmente da por terminados los encuentros, el hombre, confundido, se pregunta: «¿Por qué no me lo dijo desde el principio?

La mujer del segundo ejemplo padece un problema similar, aunque además de no poder decir «No», también parece incapaz de decir «Sí» a lo que quiere. Obedientemente se martiriza a sí misma al acceder a realizar una tarea adicional para la que no le queda tiempo, parece indolente de ir sin recibir agradecimiento ni reconocimiento, y nunca se prioriza a sí misma, a sus necesidades ni a sus aspiraciones. En lugar de pedir ayuda a los demás, les hace el trabajo. En lugar de expresarse cuando ha sido lastimada, insultada, ignorada o menospreciada, se queda callada y se traga su ira y su decepción. El resultado, lamentablemente, no es que la gente reconozca todo lo que ella hace, acepte su valor y la trate como se merece, sino que la invisibilizan aún más.

Debido a que ella nunca ha establecido ni defendido sus límites, sus colegas asumen que su silencio es un acuerdo tácito respecto del trato que recibe. Si a ella no le importan sus aspiraciones, necesidades, y límites, ¿por qué deberían importarles a los demás?

En este libro, veremos qué son los límites, qué función cumplen y qué tan difícil puede ser la vida cuando no somos capaces de mantener límites saludables y apropiados. Es discutible que las mujeres hayan sido entrenadas socialmente para tener límites débiles o no tenerlos, sin embargo, parte de la pelea actual por recuperar su espacio consiste en asumir la responsabilidad y la propiedad de establecer (¡y hacer respetar!) sus límites, ¡y esto vale tanto para hombres como para mujeres!

Un límite es una línea que trazamos entre nosotros y el resto del mundo.

Hacia el interior de la línea está quienes somos, lo que queremos, el propósito que creamos para nuestra vida y más. Fuera de ella están las otras personas, los eventos externos que escapan a nuestro control y esa realidad que no es estrictamente «asunto nuestro». Los humanos somos seres sociales y siempre nos relacionamos con los demás, siempre negociamos relaciones, siempre compartimos e intercambiamos energías entre nosotros. Pero más allá de todo esto, una persona sana debe poseer una comprensión clara de quién es y de cuáles son los límites innegociables de su ser.

A menudo se asume que un límite consiste en mantener a alguien afuera, pero es mucho más que eso. Un límite no solo actúa como una línea trazada alrededor tuyo para marcar lo que no eres, sino también para reforzar y afirmar lo que sí eres. Tener límites sólidos no significa ser inflexible, egoísta, mezquino o no estar interesado en interactuar con los demás. Más bien, conocer y mantener límites es una hermosa manera de celebrar quién eres, qué representas y todas aquellas cosas en las que quieres centrarte y priorizar en la vida. Una vida con límites claro es una vida con autoestima, es el respeto de darte a ti mismo lo que necesitas y de alejarte de las cosas que te lastiman o degradan.

Poner límites implica asumir una responsabilidad activa y madura por ti mismo, no culpar a los demás por sus propias circunstancias, pero al mismo tiempo no dejar nunca que los demás te culpen a ti por tu realidad. Con límites, tenemos el control. Mostramos amor por nosotros mismos y por los demás, porque implícitamente comunicamos que somos valiosos. Nuestro tiempo, nuestro cuerpo y pensamientos son valiosos, nuestras emociones, creencias y acciones tienen valor, y merecen la pena defenderlas y cuidarlas.

Cada vez que decimos «No» a algo dañino, estamos diciendo «Sí» a nosotros mismos y a nuestro propio bienestar. Cada vez que decimos «No» a una persona intrusa o demandante, le decimos «Sí» a que aprenda sus propias lecciones de vida sin esperar a que nosotros la rescatemos, y le decimos «Sí» a nuestro derecho al bienestar autónomo.

Una persona con límites intactos y saludables se sentirá segura, tranquila y respetada. Una persona con límites deficientes se sentirá acosada, despreciada, obligada, culpable, resentida e insegura en relación al resto del mundo y de las personas. Lamentablemente, la autonomía y la autoestima son características por las que, en nuestro mundo, hay que luchar. Sin embargo, podemos fortalecer esa autonomía amándonos lo suficiente como para sostener nuestros límites.

Tipos de límites

Para las personas con «problemas de límites», la idea general de límites puede parecerles simple en principio y a la vez resultarles desafiante aprehenderla en profundidad. Como seres humanos, poseemos una identidad autónoma, separada y con un valor completamente independiente del valor que tú mismo asignas a los demás. Al mismo tiempo, en tu carácter de ser humano posees muchos «yo» diferentes: un yo físico, un yo emocional, entre otros.

Los límites físicos afirman que tu cuerpo te pertenece a ti y a nadie más. Puedes compartirlo con los demás cuando lo desees, pero en última instancia es tuyo. El derecho más básico que todos tenemos es el derecho a nuestro propio cuerpo, y sus límites físicos, preferencias y necesidades son tan importantes como los de cualquier otra persona. Las mujeres que han experimentado relaciones abusivas pueden ver desdibujados sus límites físicos con el tiempo: dejan de creer que sus cuerpos son 100% suyos.

Incluso una mujer que no ha sido abusada puede aceptar la idea sexista de que si un hombre es amable con ella y paga la cena, ella le «debe» sexo, o que si su pareja la empuja o maltrata, ella debe merecerlo de alguna manera. Un límite físico también es algo que trazamos para mantener fuera cualquier comportamiento, sustancia, situación o actividad que atente contra la seguridad y la salud de nuestro cuerpo.

Un límite físico declara: «Estoy aquí. Tengo pertenencia, mi cuerpo es mío y solo mío. Tengo permitido ocupar un espacio, decir "no", estar cansado, solo o enfermo, y atender mis necesidades. Mi cuerpo no es para los demás, es para mí».

Los límites emocionales comunican exactamente lo mismo, pero a nivel emocional. Tus emociones son tuyas, no pueden ser consideradas correctas ni incorrectas, y no son algo por lo que debas sentirte culpable o avergonzado.

Algunas personas intentan controlar a los demás controlando su narrativa. Dirán: «Estás siendo dramático» o «Estás exagerando». Pero nadie puede decirte lo que sientes, cómo debes sentirte o qué significan tus sentimientos. A todos se nos debe permitir sentir lo que sentimos.

Por otro lado, los derechos vienen con responsabilidades: somos libres de ser dueños de nuestros propios sentimientos, pero no de hacer que los demás sean responsables de ellos, ni de exigir que los demás se sientan como nosotros pensamos que deberían sentirse.

Un límite emocional declara: «Me siento como me siento. Me amo, me acepto y confío en mí mismo. Soy el árbitro supremo de mi realidad emocional. Sé lo que siento y no necesito el permiso de nadie para sentirlo.

También existen límites mentales y espirituales. Establecemos un límite mental cuando tenemos la sabiduría para decir:

«Basta de redes sociales por hoy, me estoy deprimiendo. Saldré a caminar». Los límites mentales sólidos nos permiten sostener ideas y opiniones aun cuando a los demás no les gustan, y evitan que seamos intimidados, coaccionados o manipulados para alejarnos de lo que sabemos que es mejor para nosotros.

Los límites espirituales actúan de manera similar. Gracias a ellos, dispones de la confianza necesaria para asumir cabalmente tus creencias espirituales o religiosas y compartirlas con quien tú elijas, tanto como quieras. Tienes la capacidad de defender y nutrir tu espíritu y tu alma de la misma manera que defenderías y nutrirías tu cuerpo.

Los límites materiales implican trazar una línea de poder alrededor de todas nuestras posesiones materiales, como dinero y otros activos, artículos personales, ropa y otras pertenencias. No estamos obligados a dar, dar y dar materialmente, y no tenemos por qué compartir con otros continuamente en pos de nuestro propio detrimento. Tenemos el derecho a tener privacidad y a disponer de nuestras propias cosas para nuestro propio uso.

Los límites mentales, espirituales y materiales declaran: «Mi vida importa. Mi forma de ser es importante y puedo perseguir lo que es importante para mí sin sentirme culpable ni avergonzado».

También podemos hablar sobre los límites de tiempo («¡No pasaré toda mi vida trabajando si tengo una familia a la que cuidar!»). Tu tiempo es valioso y tienes derecho a gastarlo en actividades que consideres importantes. Estos límites son necesarios tanto en el hogar como en el trabajo, así como en tus relaciones sociales. Pedir a un trabajador que realice tareas extras sin pagarle horas extras, ser molestado repetidamente por un amigo a horas inapropiadas para ayudarle a resolver sus problemas, o llegar excesivamente tarde a una cita son ejemplos de violaciones a los límites de tiempo.

Hay también límites sexuales («Solo participo en las actividades sexuales que quiero y cuando quiero, y merezco que se respeten esos límites»). Estos límites suelen ser propensos a erosionarse con el tiempo, especialmente en aquellas relaciones en las que uno de los compañeros insiste en probar cosas con las que el otro podría sentirse incómodo. Podemos caer en la trampa de violar nuestros propios límites al ceder, pero es importante respetarnos lo suficiente como para mantenernos firmes.

Los límites digitales son otro tipo de límite que quizás te interese considerar. Esto incluye discutir con otra persona si es apropiado usar los dispositivos de los demás, exponer una relación en las redes sociales, compartir contraseñas, compartir amigos en línea, etc. Esto podría requerir negociación y compromiso, lo que hace que la comunicación sea un elemento clave a la hora de arribar a un acuerdo viable.

Finalmente, los límites de energía también son importantes en tus relaciones con los demás («Me niego a permitir que ciertas personas o hechos me agoten o depriman»). Algunas personas son naturalmente más permeables a las energías positivas o negativas que irradian los individuos, y esto puede impactar significativamente en su propio estado de ánimo. Si esto te suena familiar, intenta identificar los tipos de situaciones o personas que actúan como desencadenantes. Aléjate de estos factores desencadenantes.

Quizás te resulte molesto pasar tiempo con un miembro de la familia en particular, pero te preocupa parecer descortés por evitarlo. En tales casos, debes priorizar tu protección personal sobre las normas sociales.

Es difícil imaginar a alguna de las mujeres que vimos en nuestros ejemplos pensando o actuando de esta manera. Pero ¿por qué las personas como las mujeres que vimos tienen límites deficientes? La respuesta es compleja y para hallarla exploraremos las razones culturales, familiares e históricas con más detalle más adelante. Cualquiera que sea la razón, un límite deficiente es una manifestación externa de una realidad interna. En última instancia, es probable que los límites deficientes estén vinculados a un conjunto de creencias que nos está haciendo sentir menos importantes que los demás.

Podríamos estar diciéndonos a nosotros mismos:

- No me molestaré en opinar.
- No quiero causar problemas.
- Quizás no les guste a los demás si no soy como ellos quieren que sea.
- No tengo derecho a exigir más.
- Podría ser castigado si digo lo que pienso.
- Odio ser «agresivo».
- Las personas que ponen límites son malas y egoístas, y no quiero que otros piensen eso de mí.
- Solo soy una «buena» persona si ayudo a otros a sentirse.
- No tengo derecho a ser feliz.
- Los deseos de los demás son más legítimos e importantes que los míos.

Por el momento, es suficiente saber que un límite es algo que trazamos alrededor de nuestro yo valioso y distintivo, de acuerdo con nuestras necesidades y valores. Muchos de nosotros carecemos de límites por creer erróneamente que no los merecemos.

Un límite puede parecer intolerante («No aceptaré ninguna relación con quien intente controlarme o manipularme»), estricto («No trabajaré los fines de semana») o esperanzador («Espero que mi familia me trate con respeto»), pero todos comunican cierto grado innegociable de valor que te otorgas a ti mismo y las condiciones mínimas que estableces para que los demás interactúen contigo.

Más adelante, aprenderás a identificar tus límites y a hacerlos respetar. Por ahora, considera que los límites son únicos e indivisibles de la persona que los establece. No existen límites incorrectos o irracionales, y eres absolutamente libre de crear los límites que desees.

¿Te encuentras en una situación de necesidad?

Si has pasado por la desagradable experiencia de recibir mensajes de otras personas afirmando que tus necesidades son menos importantes que las suyas, es posible que no solo te resulte difícil saber cuáles son tus límites, sino también cómo comunicarlos de manera convincente. A menudo, internalizamos estos mensajes después de haber estado expuestos a ellos durante un largo período de tiempo, procedentes de diferentes personas que parecen estar de acuerdo en nuestro (poco) valor. Podemos temer ofender a esas personas, dañar las relaciones, o parecer mezquinos o egoístas.

Sin embargo, con práctica, todos podemos (¡y debemos!) aprender a imponer límites sin agresión ni culpa.

El trabajo más importante es comprender tu propio valor y creer en él, antes de intentar convencer de ello a otra persona. Muchos de los consejos que recibirás sobre cómo poner límites se centran en cambios superficiales, como qué decir o qué hacer específicamente. Pero decir «no», de manera dócil, en voz baja y con un lenguaje corporal que sugiere lo contrario, no funcionará. Aprender a estar tranquilo y seguro de ti mismo, defenderte con dignidad, y hablar con firmeza y claridad no es posible sin un cambio genuino en cómo te ves a ti mismo y al resto del mundo.

En los capítulos siguientes, exploraremos y profundizaremos no solo los aspectos prácticos de mantener los límites, sino también lo que significa sostener la autoestima y el respeto por uno mismo, valores sobre los que se sustentan los límites saludables. Muchos de nosotros hemos tenido malas experiencias en la primera infancia en torno a las necesidades, los derechos y la autoestima, ¡pero siempre podemos aprender!

Para cuando hayas leído este libro, deberías sentirte más cómodo y a gusto con tu propio valor, y ser capaz de identificar tus necesidades y tus límites, así como saber exactamente cómo comunicarlos a otras personas en su vida. Aprenderás a mejorar y empoderar tus relaciones sociales, y, lo que es aún más importante, aprenderás a ser más independiente y a sentirte más se seguro de ti mismo.

El tema de los límites puede parecer engañosamente simple. Aunque todos podemos captar el concepto general, se necesita un inmenso conocimiento de sí mismo y un elevado coraje para practicar los principios que sustentan una implementación saludable de límites. Cualquiera puede copiar los comportamientos de personas equilibradas y seguras de sí mismas, pero los lectores de este libro podrán aspirar a ir más lejos, y comenzar a cultivar ese fuerte sentido de conciencia, autoestima y respeto que hace que los buenos límites sean parte de un comportamiento natural e inevitable.

Examinaremos muchas de las teorías y modelos que existen sobre los límites, y nos apoyaremos en formas prácticas aplicables al mundo real con las que comenzar a afirmar y defender tus propios límites, ahora mismo.

Al final de este libro, podrás entender con claridad por qué las mujeres de los ejemplos que propusimos al inicio, actuaron como actuaron y cómo podrían haber actuado de manera diferente, es decir, de una manera que honrara y respetara sus verdaderas necesidades y límites. También aprenderás a desarrollar tus propias herramientas mentales que te ayuden a comprender lo que necesitas para tu bienestar y cómo pedirlo con calma, confiando en que tu experiencia es valiosa y merece ser respetada.

Los límites malsanos tardan toda una vida en desarrollarse, y reemplazarlos por otros mejores no sucederá de la noche a la mañana. Pero con algo de autocompasión, conciencia y una fe inquebrantable en tu propio valor como el ser humano maravillosamente único que eres, puedes comenzar a establecer con precisión las condiciones en tu vida con el fin de alcanzar el éxito y la felicidad.

Sin duda, el proceso implicará mucho ensayo y error, pero con persistencia lograrás proyectar sino también fortalecer genuinamente un carácter con una sólida seguridad en ti mismo.

Conclusiones

- Un límite es una línea entre nosotros como individuos y el resto del mundo. Dentro de este límite se encuentra todo lo relacionado con nuestra persona, todo aquello que es importante para nosotros y lo que está bajo nuestro control. Fuera de eso, está todo lo demás.

- En nuestras interacciones sociales, nuestros límites definen con qué nos sentimos cómodos, y están basados en nuestros valores y concepciones de lo que es importante y de lo que no lo es. Tener límites saludables es clave para establecer relaciones y amistades apropiadas.

- Es común que las personas tengan límites deficientes debido a los mandatos culturales o la educación que han recibido. En repetidas ocasiones, se nos sugiere evitar decir «No» y aceptar en silencio cualquier maltrato para no molestar a nadie. Sin embargo, los límites deficientes dan como resultado una baja autoestima, una sensación de pérdida de control de la propia vida y un marcado resentimiento hacia los demás. También nos lleva a someternos a la explotación por parte de aquellos que se sienten cómodos usando nuestros pobres límites en su beneficio.

- Hay varios tipos diferentes de límites, entre ellos físicos, emocionales, espirituales, sexuales, digitales, de tiempo e incluso de energía. Sin embargo, todas estas categorías refuerzan el mismo mensaje: eres importante y mereces ser respetado. Ya sea con respecto a tu cuerpo, tus sentimientos, tu tiempo, tus preferencias sexuales o cualquier otra cosa, tienes derecho a exigir lo que deseas de manera adecuada.

- Este libro está destinado a aquellas personas que, por una razón u otra, han llegado a desarrollar límites demasiado laxos o demasiado rígidos. En tal caso, el proceso de aprendizaje requerirá no solo familiarizarte con el concepto de límites saludables, sino también producir un cambio fundamental en cómo te ves a ti mismo. Los demás solo te valorarán cuando tú mismo te valores. Este libro tiene como objetivo cultivar en sus lectores una imagen positiva de sí mismos.

Capítulo dos: Tu relación con los límites

Un límite personal es una regla o una frontera que establecemos para moderar nuestras interacciones con los demás y con el mundo exterior. Es una declaración condicional que nos permite decidir si algo nos resulta aceptable o inaceptable. Cuando un límite es violado, se activa una alerta que nos permite protegernos.

Este proceso puede funcionar mal por dos razones: tener límites demasiado rígidos, lo que puede resultar en que excluyas a todas las personas y te niegues intimidad a ti mismo, o tener límites demasiado permeables, lo pueden resultar igualmente malo. El equilibrio está en algún punto en el medio: lo denominamos límite saludable.

¿Cómo sabes en qué punto están tus límites? Pues, eso es lo bueno de los límites. ¡Nadie puede (ni debe) responder a esa pregunta excepto tú mismo! Tú debes decidir tus preferencias para interactuar con las personas y puedes cambiar de opinión en cualquier momento. Dicho esto, también existen algunas pistas reveladoras para saber si tus límites no te están funcionando.

Todos los límites están permitidos, pero no todos son beneficiosos. Es posible que tus límites sean demasiado rígidos si tú:

- Evitas la intimidad.
- Descartas pedir ayuda.
- Te esfuerzas por evitar el rechazo o la crítica.
- Te sientes solo.
- Mantienes distancia con la gente.
- Rara vez te comprometes.

- Te sientes distante, protector o muy celoso de tu privacidad.
- Tienes escasas relaciones cercanas.

Por otro lado, sus límites pueden ser demasiado permeables si tú:

- Aceptas el abuso o la falta de respeto.
- Nunca hablas por ti mismo.
- Te sientes dependiente de la aprobación de los demás.
- Tienes problemas para decir «No».
- Compartes demasiados detalles de tu vida.
- Eres profundamente sensible y estás demasiado atento a las emociones ajenas, y a veces conviertes esas emociones en tu responsabilidad.
- Te resulta difícil tomar una decisión por tu cuenta y no confías en tu propio juicio.
- Mantienes relaciones difíciles y de alta dependencia mutua.

- Con frecuencia te sientes manipulado, intimidado, dominado, controlado, presionado o utilizado.

- Recurres ocasionalmente a la agresión pasiva para conseguir lo que quieres.

- En el fondo, no te sientes seguro de quién eres.

- Te sientes culpable, ansioso, comprometido en exceso o resentido por las demandas de los demás.

- Te sientes responsable de la felicidad de los demás.

- Sientes que das más de lo que obtienes en cada relación.

- A menudo te sientes agotado y sin energía.

- Te sientes víctima la mayor parte del tiempo.

- Tienes mucho miedo al abandono o a ser juzgado como una mala persona.

Si al leer estas listas ves algo de ti, es absolutamente comprensible: los humanos somos seres complejos y podemos tener límites débiles por momentos y fuertes en otros, casi como un mecanismo de compensación. Podemos ser seguros e independientes en un aspecto de la vida (por ejemplo, el trabajo), pero completamente distintos en otra área de la vida (por ejemplo, en la pareja).

Ya sea que resulten demasiado fuertes o demasiado débiles, los límites poco saludables tienen un efecto predecible en nosotros: interfieren con nuestra capacidad para conectarnos apropiadamente con quienes nos rodean.

La intimidad es un hábito de negociación, y un límite deficiente no ayuda a hallar un equilibrio. Aquellas personas con límites demasiado fuertes pueden sentir que se protegen a sí mismos al ser «independientes», así como aquellos con límites permeables o porosos pueden sentir que están siendo buenos y amables. Pero, en última instancia, las relaciones más saludables tienen lugar cuando logramos intimidad a la vez que mantenemos un sentido sólido de nuestra propia autonomía.

Sabrás que tus límites están en buena forma cuando puedas decir y escuchar «No» sin sentirte mal. Cuando puedas valorar tus pensamientos, opiniones y sentimientos, tanto como lo haces con los de los demás. Cuando te sientas lo suficientemente seguro como para no tener que cambiar quién eres para ser aprobado, y lo suficientemente maduro como para comprometerte cuando sea necesario. Lo más importante es que hagas lo que hagas porque eliges hacerlo conscientemente, de acuerdo con tus propias convicciones.

Ya hemos visto los diferentes tipos de límites que existen, pero en este libro nos enfocaremos principalmente en aquellos que suelen ser los más desafiantes: los límites interpersonales y emocionales. En cualquier caso, todos los límites están estrechamente vinculados entre sí. Por ejemplo, los límites emocionales deficientes pueden filtrarse a todas las áreas de la vida, incluyendo el trabajo, las relaciones sexuales o los hábitos cotidianos.

La declaración condicional

Más adelante, dedicaremos un poco más de tiempo a analizar cómo establecer límites y cómo hacerlos respetar. Lo importante de un límite es que posee un significado. Es esencialmente una declaración condicional que establece que «si sucede esto, haré esto otro». Solo tiene valor si tú y todos los demás verdaderamente creen que actuarás en consecuencia.

Un límite que no reacciona ante una violación, no es un límite.

Analicemos un ejemplo. Un límite físico muy básico podría ser que no te guste que un extraño te abrace. Para hacer cumplir ese límite, puedes mantenerte alejado de los extraños, rechazar amablemente los abrazos o explicar a las personas que tú prefieres evitar ese gesto. Al mismo tiempo, puedes pensar qué harías si se violara ese límite y cuán eficaz sería tu reacción.

Al describir todos los escenarios posibles, tomas el control de tus deseos y de tu espacio personal, y conviertes tus creencias sobre ti mismo en acciones concretas con efecto real en los demás. Puede ser difícil en el momento, por ejemplo, hacerle saber a alguien que te sientes incómodo con su cercanía, pero si dedicas tiempo a encontrar una manera educada de expresar tus límites de antemano, puedes sentirte más empoderado para expresar lo que sientes sin sentirte incómodo. El proceso interno se manifiesta al exterior.

No importa cuán grandes o pequeñas parezcan tus necesidades, es importante que te tomes el tiempo para comprender lo que quieres y con qué te sientes cómodo. Pero esta es solo la mitad de la historia. También debes saber cómo responderás cuando las personas no respeten esos límites. Tu reacción a la violación de los diferentes límites seguramente variará, y deberás pensar seriamente en tu reacción ante cada violación. Aquí es donde entra el poder real: estás enseñándole a los demás a respetarte cada vez que les comunicas que tus límites no son negociables y que los dices en serio.

Al principio, puede resultar aterrador establecer un límite, pero se vuelve más fácil con el tiempo y en consecuencia tu confianza se fortalece.

Al mismo tiempo que aprendes a definir y a defender tus límites, también aprendes algo muy interesante: hay personas genuinamente buenas que están felices de respetar tus límites.

Por otro lado, algunos de tus amigos y conocidos seguirán obstinadamente tratándote de manera irrespetuosa. Sé consciente de esto y aprende reconocer a aquellas personas que te hacen sentir culpable o te castigan por no ser como ellos quisieran. ¿Qué comunican cuando no respetan un límite? ¿Estás de acuerdo con ese mensaje? En algunos casos, este podría ser un indicador útil para identificar un límite demasiado estricto, pero el hecho de que hayan elegido violar tus límites en vez de comunicarse claramente contigo también es revelador.

Puede convertirse en un círculo vicioso: cuando no nos respetan, podemos interiorizar la creencia de que no valemos mucho y luego comportarnos de una manera que permita una falta de respeto mayor. Pero podemos darle la vuelta a este ciclo. Cuanto más decimos lo que queremos y necesitamos, y cuanto más actuamos en consecuencia, más moldeamos una vida que respalda nuestro bienestar, rodeada de personas que nos respetan y se preocupan por nosotros.

Esto podría traducirse en la práctica como decir «No» a prácticas sexuales que van en contra de nuestras creencias espirituales, transmitir cortésmente en la oficina que nuestro trabajo no es hacer café, o alejar la cartera del alcance de los niños, para luego actuar en consecuencia si se violan esos límites.

Puede resultar que te des cuenta de que estás harto de ser el que hace el 90% del trabajo en la pareja.

Puede significar decirle a tu amigo súper extrovertido que ya no quieres salir con él porque estás cansado, malhumorado y ¡corto de dinero!

Cuando afinamos y reforzamos nuestros límites, algo maravilloso sucede. Es como si nuestras identidades se enfocaran más claramente y nos sintiéramos más empoderados y seguros de quiénes somos. Podemos mirar la vida directamente a los ojos y decir: «Esto es lo que soy y lo que valgo. No tengo que ser lo que no quiero ser. Soy valioso y hay formas correctas e incorrectas de tratarme».

Un límite es una idea de autoestima puesta en práctica. Trabajar en mejores límites puede ser un proceso lento, pero es un ciclo de retroalimentación positiva. Cuanto más afirmes y valores lo que eres como individuo, más fuerte te sentirás y más claridad tendrás sobre cómo quieres vivir tu vida. Porque al fin y al cabo de eso se trata, de tu vida.

Una definición importante

Es Navidad. Los padres le dicen a la niña que salude a su abuela con un beso en la mejilla. La niña es tímida y vuelve la cara, diciendo que no quiere hacerlo. La madre la amonesta: «¡No seas cruel con la abuela! ¡Vamos, dale un beso!», y acto seguido empuja a la niña hacia su abuela.

¿Qué lección hay para aprender aquí? En esta situación demasiado común, se siembra la semillas de los límites deficientes. Todo ser humano atraviesa un período de socialización en la que aprende a respetarse a sí mismo y a los demás, a dar y recibir, y a hablar y escuchar. Pero a menudo el equilibrio no es del todo correcto y podemos adoptar creencias dañinas sobre quiénes somos y arrastrarlas desde la niñez hasta la edad adulta.

Muchas personas apenas dedicarán tiempo a precisar sus límites. Suponen que cada contexto o situación les dirá cómo comportarse, o simplemente asumen los hábitos relacionales dominantes transmitidos por la cultura. Pero, ¿qué tan bien te conoces realmente a ti mismo y sabes lo que necesitas? ¿Alguna vez te has tomado el tiempo de delinear tu propio conjunto de creencias, necesidades, perspectivas individuales, deseos, límites y valores personales fundamentales?

Los límites no son solo para las personas que abandonan relaciones abusivas. Los límites son para todos.

Los límites son importantes porque te ayudan a decir «No» con calma y confianza. Te permiten vivir una vida empoderada de la que sientes tener el control. Atraen a personas respetuosas y afectuosas a tu mundo, y te permiten establecer conexiones más profundas y maduras con esas personas.

Tendrás más energía física, emocional y espiritual, sabrás expresarte cuando te hagan daño, y te sentirás más valorado y apreciado en la vida. Comprenderás mejor tus necesidades y, en consecuencia, tendrás más posibilidades de satisfacerlas. Estará emocionalmente equilibrado, consciente de ti mismo y con una autoestima tan sólida como una roca, que te dará la valentía para convertirte en quien quieres ser a tu máximo potencial.

¿No debería todo esto poner los límites en el primer lugar de tu lista de prioridades?

Muchas personas que de niños fueron educadas para ser «agradables» han desarrollado la idea de que tener límites y un sentido de respeto por uno mismo «no es agradable», que la gente buena siempre dice «Sí» y nunca se pone antes que los demás. ¿No es esto una locura? Afortunadamente, elegir si poner límites o no, no es una elección entre ser un egoísta o un felpudo. Estos conceptos erróneos representan un malentendido fundamental en relación a los límites.

A continuación, abordaremos algunas de estas ideas con el fin de disipar cualquier mito y ayudarte a comprender que desarrollar límites saludables no significa transformarte en una persona mala o egoísta.

Los límites no son egoístas

Está bien valorar tu propio bienestar y protegerte a ti mismo. ¡Eres valioso y mereces respeto! No estás obligado a servir a los demás para tener valor, pues ya lo tienes y de ningún modo lo pierdes cuando no te sometes a las demandas de los demás, especialmente si esas demandas no son saludables para ti. Establecer límites es un acto de amor propio, no de egoísmo. Piensa en alguien a quien ames, ¿acaso no te gustaría que se comportara de una manera que respete su valor?

Si tu mejor amigo se acerca a ti y te confiesa que su pareja lo ha estado maltratando, ¿qué le aconsejarías que hiciera? ¿Le aconsejarías que siguiera tolerando comportamientos inaceptables, o lo animarías a comunicar sus sentimientos y mejorar la situación? Lo más probable es que la respuesta sea esta última, pues entonces debemos aplicar los mismos principios en nuestras propias vidas.

No es raro que te acusen de egoísmo cuando comienzas a tomarte en serio la forma en que te tratan. Es posible que te veas sorprendido de las personas que elijan menospreciar este paso positivo en su vida, pero es imperativo que te mantengas firme en lo que consideras no negociable. Esto te ayudará no solo a desarrollar confianza y autoestima, sino también a atraer a otras personas que te respeten por mantener límites saludables.

Los límites no clausuran la intimidad

Los límites relacionados con la intimidad tienden a ser extremadamente rígidos o demasiado laxos, especialmente en las relaciones románticas. Hay quienes creen que sus parejas «merecen» intimidad, incluso a costa suya. Quizás te preocupe que trazar una línea en la arena implique alejar de ti a las personas pues consideres que de alguna manera estás siendo frío o distante. No debes preocuparte, pues, por el contrario, los límites saludables constituyen un requisito para establecer relaciones sanas y maduras. Conducen a relaciones mejores, no peores. ¿Preferirías tener una relación basada en la culpa, el miedo, la obligación y la coerción, o una basada en la madurez, la confianza mutua, el respeto, la alegría y el aprecio?

Habiendo dicho esto, es fácil usar los límites para clausurar la posibilidad de intimidad. Supongamos que se trata de alguien que se niega a tener relaciones sexuales antes del matrimonio. ¿Estás usando los límites para clausurar la intimidad? La respuesta es: depende. Quizás te encuentres en lo que se puede llamar un «estado protegido», en el que excluyes todas y cada una de las interacciones íntimas debido a un trauma del pasado. O podrías estar imponiendo tal límite debido a creencias religiosas o morales.

Es fácil confundir un estado protegido con un límite genuino. Independientemente de la razón por la que te abstienes de tener relaciones sexuales, tienes derecho a hacerlo si te causa incomodidad. Sin embargo, es casi seguro que el primero es psicológicamente dañino, ya que te cierra a nuevas experiencias.

En tales casos, es útil preguntarse por qué eliges establecer y proteger un límite en particular. ¿Te siente realmente incómodo con la intimidad o estás tratando de protegerte del dolor debido a experiencias pasadas?

Los límites no te harán desagradable

Aquí nos encontramos con más condicionamientos sociales desafortunados que suelen recaer sobre las mujeres en general y las niñas en particular. Todos queremos agradar. Pero esa búsqueda de pertenencia y aprobación nunca debe tener lugar a costa de tu bienestar. Comprometer tus valores o lastimarte a ti mismo para satisfacer las necesidades de otra persona no te convierte en alguien agradable, sino en alguien útil. De hecho, una persona con límites está enviando un mensaje poderoso al mundo: «Tengo valor y me comporto en consecuencia». Esta es una cualidad atractiva, saludable y admirable. ¡Y genuina! La mayoría de las personas sanas se sentirán atraídas por una actitud de confianza madura y tranquila.

Por otra parte, la gente que se disgusta porque le ponen un límite no son la clase de personas a las que querrás agradar, pues serán incapaces de verte como el ser humano valioso y único que eres. Solo te verán como una herramienta, como un medio para conseguir lo que ellos quieren. ¿Realmente te interesa agradar a una persona así?

Los límites no determinan quién tiene razón y quién está equivocado

Una persona con límites saludables nunca debe dividir el mundo en santos y pecadores. No importa si hay narcisistas o «vampiros chupadores de energía» por todas partes. Lo que importa es saber quién eres, qué quieres y qué tolerarás, y que nunca debes verte involucrado voluntariamente en una situación que no te sirva. A su vez, esta actitud elimina cualquier duda sobre quién tiene razón y quién está equivocado.

Un límite no puede estar equivocado. Esto significa que no tienes que justificarlo, defenderlo o explicarlo a los demás; si funciona para ti, funciona para ti. No te preocupes por hacerlo bien. No es necesario que pienses el mundo en términos de blanco y negro, y nadie debe presionarte para adoptar límites de una manera con la que no acuerdes genuinamente. Si no estás seguro, vuelve sobre ti. Pregúntate cómo te sientes y qué valoras. Luego, sigue desde allí. Recuerda: no hay ninguna regla que diga que no puedes cambiar de opinión.

Nada está escrito en piedra, así que no te tomes las cosas muy en serio ni te castigues si has errado.

Es probable que cometas errores, especialmente al principio, a medida que haces respetar tus límites. Siempre que seas respetuoso y educado, y a la vez firme, permítete cualquier error involuntario.

Pero, ¿cuál es el origen de todo esto?

Cuando venimos al mundo no tenemos límites, pero este mundo al que llegamos está lleno de otras personas que sí los tienen. Piensa en lo que esto significa.

Durante los primeros nueve meses de vida, estamos literalmente dentro de otra persona, nuestra madre, y durante muchos años después, los límites de nuestro ego y el de ella están sueltos e indefinidos. A medida que crecemos y aprendemos quiénes somos como seres humanos individuales, asumimos gradualmente el trabajo de establecer una identidad con límites, y de decidir quiénes somos y quiénes no, y qué hacemos y qué no. Al descubrir quiénes somos, al mismo tiempo nos damos cuenta de cómo queremos que el mundo nos trate.

Es comprensible, entonces, que los límites deficientes provengan de la infancia, durante esa delicada etapa en la que todavía estamos aprendiendo sobre nuestro valor, nuestra autonomía y nuestro derecho a trazar una línea alrededor de nosotros mismos. Por supuesto, puedes adoptar la postura de pensar que no todo proviene de la infancia, y descartar este argumento por freudiano o psicológico. Pero si te encuentras batallando con una creencia, consciente o inconsciente, es probable que esta se remonte a tu juventud y a las influencias a las que hayas estado sometido en esa época.

Es tentador excusarnos en una mala infancia y culparnos a nosotros mismos o a los demás, concluyendo finalmente que ya nada puede hacerse. Pero como ocurre con todo trauma, si bien no es culpa nuestra que haya sucedido, es nuestra responsabilidad hacer lo que podamos para curarnos. Como adultos, podemos tratar de corregir algunos de los mensajes defectuosos que recibimos cuando fuimos niños y mejorar de ahora en más.

Los niños dependen de sus cuidadores para sobrevivir. Los límites deficientes a menudo provienen de aprender a hacer lo que sea necesario para sobrevivir, incluso si compromete la propia personalidad, autonomía o dignidad. Puedes haber crecido viendo a otras personas con límites deficientes y nunca hayas aprendido a identificar a una persona con límites saludables. Incluso tú mismo puedes ser culpable de no respetar los límites de los demás.

Nuestros padres nos enseñan lo que es aceptable. ¿Qué has aprendido de ellos?

Nuestros padres también nos enseñan lo valiosos que somos: ¿qué mensajes has interiorizado?

Quizás tus padres te hayan enviado el mensaje inconsciente de «Solo te querremos mientras te comportes como debes comportarte», o «Tus necesidades no son tan importantes como las nuestras o las de tus hermanos», o incluso «No mereces que se satisfagan tus necesidades, pues tu deber es satisfacer las necesidades de los demás». Este tipo de trato resulta demasiado común pues, históricamente, la mayoría de las culturas han valorado el autosacrificio y el martirio en aras del bien común.

Aquellos que tuvieron que cuidar a sus padres, aquellos que fueron sometidos a una presión extrema por conformarse o simular, y aquellos a quienes se les enseñó que el autosacrificio es bueno y hablar es malo, todos ellos podrían desarrollar límites pobres.

Como vimos en el ejemplo de la niña y su abuela, esto no siempre es tan siniestro como parece. A veces, los mensajes ampliamente divulgados de nuestra cultura reafirman los límites poco saludables. Elogiamos al empleado que trabaja horas extras y descuida a su familia, y juzgamos a la persona que cancela planes simplemente porque está cansado.

Algunas personas tienen límites deficientes debido a traumas más graves en los primeros años de vida. Un niño cuyo valor y autonomía estén protegidos en la infancia crecerá sintiéndose seguro y protegido en su propia identidad. Pero un niño que no ha tenido sus necesidades satisfechas, o que ha experimentado algún tipo de abuso o negligencia en su cuidado, ha experimentado la más fundamental violación de límites.

Los niños que no tienen control sobre sus propios cuerpos, su espacio personal, sus emociones o su comportamiento pueden, comprensiblemente, sentirse confundidos y sin valor, y tal vez incluso suponer que no merecen exigir un mejor tratamiento. Un niño así puede convertirse en un adulto que ni siquiera crea tener derecho a ser dueño de sí mismo, a decir «No» ni a querer lo que quiere. Esto puede conducir fácilmente a tener problemas de salud mental, abuso de sustancias, relaciones con maltratos y más.

Lo que se ha dañado es el sentido personal de valía, individualidad, dignidad y autonomía. Puede que una persona que ha sufrido abuso no tenga claro que tiene un problema, pues no sabe qué son los límites ni cómo establecerlos. En lugar de identificar como externa la fuente de su dolor, pueden culparse a sí mismos, sintiendo que no valen nada o que merecen el mal trato que reciben o la desesperación que sufren.

Nuevamente, esto no quiere decir que experimentar abuso necesariamente implique tener límites deficientes, ni que no sea posible tener límites deficientes sin haber experimentado algún horrible trauma. Debido a que existen múltiples factores que influyen en la configuración y consolidación de nuestras identidades, es probable que los límites poco saludables sean el resultado de muchas causas superpuestas. Tu educación cuenta, pero también cuentan tu cultura y lo que esta dice sobre el debido comportamiento, tus experiencias de vida, tus relaciones de todo tipo, tu personalidad, tu visión del mundo y cómo te ves a ti mismo en medio de ese mundo, tus valores, tus expectativas, tu edad y tu género, etc.

Es importante recordar que todos no relacionamos con otras personas que tienen sus propios límites (o problemas de límites). Cuando consideramos que cada uno de nosotros crece en un entorno familiar que consta de varias personas con sus propios límites y su impacto particular en nosotros, podemos apreciar cuán complejo es este problema.

Un padre que habitualmente viola o niega nuestro derecho a tener límites puede hacer que crezcamos con un sentido del yo consecuentemente más débil y poroso.

Las familias son como ecosistemas: al ser interdependientes, nuestro comportamiento y actitudes no pueden sino necesariamente afectar a quienes nos rodean. Aunque la psicología moderna parece sugerir que la unidad fundamental la constituyen los individuos, la realidad es que quiénes somos depende en gran medida de cómo se comportan las personas a nuestro alrededor. Y si estas personas son nuestros cuidadores durante nuestros años de formación, esto es aún más cierto.

Dentro de las familias, los límites sirven para separar a los individuos, pero también sirven para definir las formas en que las personas se relacionan y la naturaleza de esas relaciones. La definición es recíproca: no hay niño sin madre, no hay agresor sin víctima. Los límites dentro de las familias también pueden establecer muros más pequeños alrededor de los subgrupos, o barreras más grandes para separar a «ellos» de «nosotros».

Los límites pueden decidir quién entra o sale, quién es uno de nosotros y quién uno de ellos, quién es bueno y quién es malo.

Hemos visto que tanto las barreras demasiado rígidas como las demasiado permeables pueden resultar problemáticas. Los problemas de límites son a menudo un asunto familiar, algo que afecta a todos, y los límites problemáticos suelen presentarse en pares complementarios y disfuncionales. Los límites demasiado intrusivos pueden generar confusión, y los demasiado rígidos pueden provocar una sensación de desapego emocional. Algunas de las consecuencias de los límites deficientes son:

- Asfixiar a los niños y no darles privacidad.

- Padres que sexualizan demasiado a sus hijos o les hacen demandas inapropiadas, como en los casos en que se invierte el papel del niño y los padres.

- Padres que utilizan a sus hijos como confidentes, terapeutas o descargas emocionales.

- Padres que involucran a sus hijos en peleas de adultos, o los convierten en mensajeros o moneda de cambio en los procesos de divorcio.

- Padres o hermanos que husmean, comparten en exceso o exigen ser parte de la vida privada de otros miembros de la familia.

Los anteriores son ejemplos de límites débiles o demasiado porosos. Las personas sufren por no estar debidamente separadas y definidas unas de otras: se enredan. Por otro lado, los límites demasiado rígidos dan como resultado una familia distante y separada unos de otros.

En una familia, puede haber desapego y enredo a la vez; por ejemplo, los padres pueden ser muy intrusivos con sus hijos y violar con frecuencia los límites emocionales, mentales o sociales, pero ser relativamente distantes al tratarse de límites físicos, por ejemplo, no exhibir muestras de afecto como abrazos o besos, o permitir que los niños tengan sus habitaciones y pertenencias individuales.

No resulta demasiado difícil ver cómo este patrón particular de disfunción de límites podría moldear las personalidades y actitudes de los niños en su crecimiento.

Los límites demasiado rígidos pueden aparecer como:

- Padres que ocultan información y tratan a sus hijos con frialdad o indiferencia.

- Padres que descuidan a sus hijos o que no propician un entorno seguro, amoroso y estable.

- Puede ser un secreto a voces que uno de los padres sostiene una relación extramatrimonial, y por ello los niños sientan que se ha violado el límite alrededor de la unidad familiar.

- Los padres pueden hacer planes que no involucren a los niños u otros miembros de la familia, sin darles voz o participación en esa planificación.

- Los miembros de la familia pueden tratarse unos a otros con formalidad, como competidores o con indiferencia, sin pedir ni ofrecer ayuda nunca.

Podemos ver que al comprender nuestra historia y dinámica familiar, entendemos el origen de los límites poco saludables. Construir límites saludables consiste en deshacer viejas creencias y prejuicios, y comenzar de nuevo con creencias más saludables. Al comprenderte mejor a ti mismo y cómo tu personalidad está conectada con un sistema familiar complejo del cual también se nutre, puedes comenzar a hacer cambios.

Pero, ¿qué pasa si no crees que tu familia haya jugado un papel importante en tus dificultades con los límites? ¿Podría haber otros factores que hayan jugado un rol más significativo? Los límites saludables pueden erosionarse lentamente a través de malas experiencias o transformarse gradualmente en no saludables dado nuestro historial de relaciones. El trabajo abusivo, coercitivo, controlador o irrespetuoso, las relaciones platónicas o románticas pueden causar un daño enorme y desgastar nuestra confianza en nosotros mismos y en nuestro sentido de valía.

Algunas personas aceptan que se necesita tiempo para recuperarse de una dinámica dolorosa, pues necesitan «recalibrarse» con cuidado, recordarse a sí mismos su valor y tratar de restablecer los límites que respaldarán su bienestar.

Por último, los límites no siempre son blanco o negro: podemos tener límites en gran medida saludables pero con grises o puntos débiles, o tener momentos en los que ocasionalmente necesitamos «actualizar» o reforzar los límites como parte de nuestro autocuidado de rutina. Nunca está de más reflexionar sobre cómo mantenemos nuestros propios límites.

Además, no es un trabajo que hacemos solo una vez y nunca más, sino algo que continúa durante toda la vida. Las crisis o las experiencias desafiantes pueden obligarnos a reconsiderar viejas creencias, y las circunstancias cambiantes de la vida pueden exigirnos rediseñar nuestro conjunto de límites.

Autoevaluación

Como puedes imaginar, a veces es un poco complicado saber si tienes límites deficientes o no. Muchas mujeres, por ejemplo, permanecen en relaciones abusivas o poco saludables porque dudan de su propia evaluación de la situación. Su pareja (como parte de la violación que hace de sus límites) le dirá que no está siendo razonable, que está imaginando cosas, que se merece lo que recibe, o incluso que es ella quien viola los límites.

De manera similar, un miembro de la familia o un jefe dominante puede aplicar tácticas de culpa, vergüenza o miedo para ocultar el hecho de estar ignorando o pisoteando repetidamente los límites. Lo más desgarrador es que los pueden crecer creyendo sinceramente que no tienen derecho a aspirar a algo mejor y esperan que las promesas nunca se cumplan, no confían en las personas o creen que los demás tienen derecho a decidir qué es lo más apropiado para ellos.

Muchas personas poseen una idea equivocada de lo que es un límite saludable. Pueden reconocer que algo no está bien, pero intentan arreglarlo mediante un límite que sigue sin ser saludable, sino que apenas es diferente.

Una madre puede suponer que sus hijos la tratan como a un felpudo y pensar erróneamente que la única forma de recuperar el control es ser severa o indiferente con sus hijos, o alejarlos por completo de su vida. Un hombre podría hartarse de que lo lastimen y se aprovechen de él, y tomar represalias aprovechándose preventivamente de los demás.

Podemos suponer erróneamente que un límite pobre se corrige con agresión, frialdad, independencia extrema o una mentalidad de víctima temerosa con la cual sentir que el mundo entero nos ataca. Pero esto no solucionará el problema subyacente.

Una buena forma de empezar a trabajar con los límites es tener en cuenta el hecho de que, como adultos maduros, somos responsables de establecer, cumplir y hacer respetar nuestros límites. No podemos obligar a otros a hacer lo que no quieren hacer, incluido tratarnos bien, pero podemos decidir cómo nos comportaremos si nos encontramos ante un mal trato. No podemos decirles a los demás qué deberían valorar o cómo deberían comportarse, pero podemos afirmar lo que nosotros valoramos y lo que decidimos hacer. De hecho, tener límites en correcto funcionamiento constituye tanto un derecho como una responsabilidad.

A veces, es tentador mantener una mentalidad de víctima indefensa ante las cosas malas que suceden y sostener que no se pueden cambiar las circunstancias que las causan. Esto nos permite culpar a los demás y autocompadecernos, pero no es ni cierto ni saludable. Podemos controlar cómo nos tratan los demás, y la mejor manera es dando el ejemplo y tratándonos bien a nosotros mismos.

Tus sentimientos te ayudarán a encontrar el camino intermedio entre los límites demasiado duros y demasiado laxos. Para verificar el estado de tus límites, solo es necesario escuchar tu intuición, y respetar y reconocer lo que escuchas.

Los siguientes son algunos signos menos conocidos para identificar los problemas de límites deficientes:

- Te sientes inseguro de ti mismo y no te consideras un individuo. Cuando te preguntas qué quieres, solo puedes pensar en lo que quieren los demás.

Te sientes como si nunca pudieras llegar a ser tu yo único.

- Te sientes entumecido, como si te hubieras rendido. A menudo te dices a ti mismo que lo que sientes no importa, y así es más fácil estar de acuerdo con los demás.

- Te sientes como una víctima total o como un mártir, ¡pero también te preguntas por qué nunca hay recompensas para una persona tan buena!

- Te sientes invisible, como si fueras más pequeño o la mitad de una persona, y menos importante que los demás.

- A veces te sientes frío y distante, sin esperar nada bueno, tal vez en un intento de protegerte o restar importancia a lo mucho que algo te duele.

- Te sientes al límite, observado, como si no dispusieras de un mundo privado y como si todos estuvieran constantemente involucrados en tu vida.

- Te sientes estrangulado y asfixiado por otras personas y sus deseos, problemas u opiniones.

- A veces te sorprendes revelando información muy personal a alguien a quien realmente no conoces bien.

- Sientes que te enamoras fácilmente y que actúas livianamente por impulso sexual.

- Te resulta difícil identificar cuándo se están comportando de manera inapropiada contigo, te están mintiendo o aprovechándose de ti.

- A menudo sientes que debes tomar lo que te den y estar agradecido, en lugar de ocuparte en decidir si es realmente lo que quieres.

- A menudo sientes que otras personas conducen y tú eres apenas un pasajero; dejas que otros dirijan tu vida, o la describan y definan. Incluso puedes sentir que los demás te conocen mejor de lo que tú mismo te conoces, y pueden anticipar tus necesidades y deseos.

- Esperas que los demás satisfagan tus necesidades automáticamente o fantaseas con que alguien aparecerá de pronto para cuidar de ti para siempre.

- Sientes que podrías dar de forma indefinida, sin límite, o que no evitarías que otros te quitaran continuamente hasta no dejarte nada.

- Tienes problemas de baja autoestima, abuso de alimentos, sustancias o sexo, o comportamientos que atentan contra tu integridad.

- Sueles no estar seguro de lo que piensas o sientes sobre algo, hasta que puedes hablar con otras personas sobre el tema.

Cada vez que te sientas coaccionado, presionado, violado en tu privacidad, asfixiado, o como si alguien o algo se acercara demasiado, es una buena indicación de que se ha traspasado un límite. Si sueles tener dificultades para identificar tus propios deseos, valores, limitaciones u objetivos, es posible que tengas problemas a largo plazo con los límites saludables.

El primer paso para establecer mejores límites es confiar en ti mismo para hacerlo. Esto puede constituir un proceso de ensayo y error, y a algunas personas en tu vida puede que no les guste, pero cuanto más practiques, más clara se volverá tu intuición, más nítidas serán tus propias señales internas y más fácil será para ti decir: «Ese no soy yo y eso no es algo que yo quiera». También puedes considerar buscar ayuda profesional. En el caso de problemas a largo plazo, un terapeuta puede ayudarte a tratar de manera eficiente los problemas que enfrentas.

Esto te ahorrará mucho tiempo y angustia en comparación con intentarlo solo, y siempre se puede pedir ayuda para ser individuos mental y emocionalmente más saludables.

Conclusiones

- Los límites personales son aquellos que nos ponemos a nosotros mismos en nuestras interacciones con los demás. Definen los tipos de comportamiento con los que nos sentimos cómodos y con los que no nos sentimos cómodos. Sin embargo, el proceso de establecer límites puede salir mal si elegimos límites demasiado rígidos o demasiado permeables. Por ejemplo, rechazar la intimidad por completo es un signo de lo primero, mientras que tener demasiado miedo de hablar por sí mismo es un ejemplo de lo segundo.

- Afirmar tus límites puede parecer algo aterrador, especialmente para aquellos que nunca antes lo han hecho. Es posible que tengamos miedo al conflicto o nos aterrorice la posibilidad de que otras personas que no estén de acuerdo con nuestros límites nos rechacen. A pesar del recelo inicial, es crucial saber expresar y comunicar lo que nos resulta inaceptable. Esto ayuda a desarrollar una autoestima positiva y a atraer relaciones saludables a nuestras vidas.

- Tendemos a pensar que los límites nos vuelven egoístas, que los demás nos rechazarán si los hacemos respetar, o que son una exigencia demasiado dura para los demás. Nada de esto es cierto. Crear y mantener límites es una habilidad esencial y muy útil para todos.

- Existen diversas razones por las que muchos de nosotros tenemos límites deficientes. Una de las más comunes es haber sufrido un trauma en la infancia, ya que es en esa etapa donde las creencias se establecen y consolidan, para bien o para mal. Los niños que no se sintieron seguros al crecer o cuyos límites fueron violados insistentemente están destinados a internalizar la falta de autoestima que otros han proyectado en ellos. Nuestra cultura suele valorar el sacrificio y el martirio a expensas de la felicidad personal. Aunque es posible que nos encontremos en desventaja en cuanto a aprender sobre los límites, es importante reconocer que comunicar y hacer cumplir nuestros límites es nuestra exclusiva responsabilidad.

Capítulo tres: Límites fuertes, débiles, buenos y malos

Volvamos por un momento a las dos mujeres con las que comenzamos nuestro libro. ¿Recuerdas a la mujer que permitió ser obligada a salir con un hombre que no le interesaba y terminó siendo grosera con él para reafirmar sus límites después de haberlos violado poco a poco? Probablemente, ahora comprendas sus acciones un poco mejor, sabiendo cómo y por qué se desarrollan los problemas de límites.

Imaginemos que esta mujer ha decidido cambiar y comienza a trabajar para ganar confianza en sí misma, y en sus propios límites y deseos. Le pide cortésmente a su madre que ya no se entrometa en su vida amorosa. Acude a un terapeuta para averiguar qué quiere de la vida y qué no tolera.

Sabiendo que tiene que fortalecer sus límites y volverse más exigente. Primero, decide mantenerse soltera al menos durante todo un año, para encontrarse a sí misma antes de estar lista para volver a salir. Luego, vuelve a tener citas pero esta vez de manera completamente diferente. Decide con mucho cuidado el tipo de relación que desea y se propone no aceptar nada que no se ajuste a sus criterios.

Descarta a los hombres que se hacen los galanes e interrumpe las citas a la mitad cuando no está interesada. Se comunica en voz alta y clara: quiere casarse y tener hijos dentro de dos años, y no está dispuesta a tener relaciones sexuales antes del matrimonio. Además, tiene una larga lista de cualidades que su pareja ideal debe cumplir, algunas de ellas poco razonables.

Un día, aparece una gran oportunidad romántica. Ella le aclara al hombre que no lo besará, abrazará ni tocará en la primera cita, sino hasta que hayan estado juntos al menos durante 3 meses. Incluso le desliza la idea de que su moral es más alta que la de él, y que está mejor desarrollada como persona debido a sus convicciones. Desconcertado, el hombre se burla suavemente de ella y le pregunta si existe alguna posibilidad de excepción. La mujer enfurece ante lo que considera una violación a sus límites y no vuelve a llamarlo.

Se puede ver claramente lo que sucedió: ella reemplazó sus límites deficientes con límites aún más deficientes. De hecho, la mujer del ejemplo ha desarrollado límites tan rígidos que violan los límites de los demás, al avergonzar al hombre con quien tiene la cita sin conocerlo realmente, solo porque este no se comporta de la manera en que ella quiere. Ella misma se aventura en un terreno inapropiado.

Si bien es cierto que somos libres de establecer cualquier límite que queramos, existen algunas pistas para identificar límites «malos». En este caso, por ejemplo, cuando no favorecen a la mujer y cuando violan los límites ajenos. En el sexo y en las relaciones personales, es cierto que nuestra propia comodidad, y nuestros deseos y valores son primordiales. Pero cuando nos relacionamos con los demás, también sus límites entran en juego.

Aunque todos tenemos el derecho fundamental a nuestros propios límites, nos desenvolvemos en un contexto cultural y familiar. En estas unidades sociales más amplias, nuestro comportamiento no está determinado al 100% por nosotros, sino que también es influido por la realidad común y las normas culturales con las que convivimos.

Se puede discutir si el comportamiento exhibido por esta mujer pudo haber sido considerado apropiado en alguna cultura o período histórico determinado, pero lo cierto es que teniendo esos límites tan rígidos, solo se perjudica a sí misma. El hombre de su cita, comprensiblemente, podría decidir no dedicar tantos años de su vida a cortejar a una mujer tan cerrada a la posibilidad de la intimidad.

Cuando se habla sobre «tener problemas de límites», se suele referir a que línea alrededor de la identidad de alguien es demasiado permeable. Pero ya hemos visto que la falta de permeabilidad es un problema igualmente grande. El objetivo no consiste solamente en incrementar la confianza, la independencia y la capacidad de expresar con firmeza lo que se piensa, a veces es necesario un esfuerzo simultáneo para ser más sensible, abierto y complaciente en la medida correcta.

A muchas personas que escapan de hogares o relaciones abusivas les resulta relativamente fácil deshacerse de las influencias negativas en sus vidas. Lo realmente difícil es abrirse a alguien nuevamente. ¿Pueden volver a confiar en la intimidad y la cercanía? ¿Saben cómo hacerlo de una manera saludable?

Los límites mantienen fuera algunas cosas, pero dejan entrar otras. Por lo tanto, trabajar en los límites es ir en ambas direcciones, para asegurarnos de mantener un equilibrio entre la sensibilidad y la seguridad, entre lo abierto y lo cerrado, entre uno mismo y el otro. Esto requiere fundamentalmente de conocernos a nosotros mismos y de entender que siempre tenemos el control de dónde trazar ese límite.

No es que un límite sea bueno o malo, sino que nuestra propia capacidad para conducirnos a nosotros mismos y administrar las demandas del mundo exterior se desarrolla en mayor o menor medida.

Podemos tener límites que pueden considerarse severos en general, pero la forma en que comunicamos estos límites puede marcar una gran diferencia. Supón que no te gustan los abrazos. Puedes responder a una violación a este límite arremetiendo contra el agresor o simplemente declinando con cortesía cualquier intento de abrazo.

Si bien no es necesario que expliques las razones de tu malestar, algunas situaciones pueden requerir cierta sensibilidad de tu parte. Las distintas reacciones proyectan diferentes versiones de ti, pero también refuerzan ciertos tipos de comportamiento que pueden ser deseables o no. Un buen límite es aquel que funciona para ti y para tu vida. Es una línea que te permite interactuar íntimamente con los demás y mantener una sensación saludable de distancia. Es algo sobre lo que sientes que tienes el control y que se adapta a tus valores, necesidades y deseos. La mujer de nuestro ejemplo puede finalmente decidir trazar un límite absoluto alrededor de la sexualidad, y tomar el camino del celibato o dar prioridad a algo completamente diferente. La cultura, la familia y las expectativas de los demás siempre están presentes, pero eso no significa que no nos corresponda elegir los límites que mejor nos funcionan.

Se puede decir que carecemos de límites cada vez que sentimos que las necesidades, los deseos o el poder de otra persona ingresan en nuestro mundo y dominan nuestros propios deseos para nuestro cuerpo, mente y alma. Cuando sentimos que hemos sustituido la historia, las necesidades o la información de otra persona por la nuestra, podemos estar seguros de que se ha traspasado un límite. Por otro lado, la ausencia de una intimidad muy deseada, o de conflictos y malentendidos regulares son señales de que tus límites son demasiado rígidos e inflexibles. Las experiencias de la infancia y las relaciones con los demás pueden afectar dónde colocamos nuestros límites, lo que nos hace estar demasiado abiertos al mundo y a los caprichos ajenos, o bien, cerrarnos por completo y construir un muro a nuestro alrededor.

Encontrar el equilibrio

Teniendo en cuenta que el único que puede decidir si un límite es bueno o malo eres tú, aprende a continuación cómo modificar los siguientes límites para hacerlos más o menos rígidos.

- **Límites sexuales o físicos**

Demasiado poroso: no pedirle a tu pareja que use condón a pesar de querer que lo haga (la creencia subyacente es: «No valgo la pena protegerme, y mis deseos y necesidades no son importantes»).

Demasiado rígido: no confiar en los demás y renunciar a salir para evitar acercarse a otras personas (las creencias subyacentes son: «No puedo tolerar la incertidumbre ni arriesgarme a que me lastimen. Todas las personas son malas. El mundo es hostil e inseguro»).

Equilibrado: no sentirte amenazado ni ofendido si tu pareja te pide hacer algo que le gusta, pero tampoco sentir incomodidad al decir «No» en caso de no estar interesado (la creencia subyacente sería: «El sexo no es malo por sí mismo y está bien que diferentes personas quieren cosas diferentes y expresen sus deseos. Por el solo hecho de tener o expresar un deseo, esa persona no me está obligando a satisfacerlo»).

- **Límites emocionales**

Demasiado poroso: responder siempre las llamadas nocturnas de un amigo que parece estar constantemente en crisis, a pesar de que interfiere con tu descanso y tu bienestar (la creencia subyacente es: «Mi deber primero es rescatar a las personas de sus emociones negativas»).

Demasiado rígido: negarse a apoyar o a demostrar preocupación por un amigo necesitado (la creencia subyacente es: «Cada persona es un mundo y es peligroso sentirse abrumado por el drama de otras personas»).

Equilibrado: no contestar nunca el teléfono después de cierta hora. Enviar por la mañana un mensaje de apoyo a tu amigo que lo necesita, y ofrecerte para conversar un rato o darle algunos consejos (la creencia subyacente sería: «Puedo ayudar a las personas sin sacrificarme por ellos ni convertirme en su salvador»).

- **Límites mentales, intelectuales, espirituales o de tiempo**

Demasiado poroso: permitir que los miembros de la familia te menosprecien por tus ideas u opiniones (las creencias subyacentes son: «Tengo que encajar para ser amado. Todos debemos ser iguales. Ellos tienen razón y yo estoy equivocado»).

Demasiado rígido: negarte a ceder en tu posición e insistir en hacer las cosas a tu manera a pesar de pertenecer a una familia (la creencia subyacente es: «Debo mantener el control, no confío en que los demás hagan las cosas correctamente»).

Equilibrado: entender que tú y tu pareja tienen opiniones diferentes, pero saber respetarse mutuamente en base al amor que se profesan (la creencia subyacente sería: «La diferencia no es una amenaza, y puede ayudar a consolidar el compromiso en base a la tolerancia y la búsqueda de la armonía, sin priorizar quién tiene la razón»).

Como puedes ver, un límite saludable tiene en cuenta tu identidad y tus necesidades. Y al vivir rodeado por otras personas, con sus propias identidades y necesidades, el límite es el punto justo entre tu identidad y las del resto del mundo; es ese lugar donde puedes encontrar bienestar y felicidad sin dejar de ser lo suficientemente flexible como para permitir que entren las cosas buenas, como la alegría, la cercanía, la confianza y la intimidad.

Habiendo dicho esto, no es suficiente con tener límites. Debemos saber cómo hacerlos respetar. Volviendo al ejemplo de las mujeres en el capítulo uno, ambas son conscientes de sus límites. Si tienes un límite determinado, no es necesario que lo hagas cumplir a rajatabla, incondicionalmente. Supongamos que no te gusta que te llamen después de las 10 de la noche. Puedes hacer excepciones según se cumplan ciertas condiciones, como una llamada de emergencia, por ejemplo. Tener buenos límites significa tanto establecer límites saludables, como saber hacerlos cumplir en diferentes situaciones.

Con buenos límites:

- Amas a los demás, pero también te amas a ti mismo.

- Puedes decir «No» y también escucharlo de los demás, entendiendo que todos tienen derecho a imponer un límite.

- Sabes que nunca debes aceptar que se vean comprometidos tu integridad, tu seguridad, tus valores y tu bienestar, y al mismo tiempo entiendes que no debes engañar, suplicar ni intentar convencer a otras personas para que se comporten como tú quieres.

- Te niegas a permitir que otros usen tu tiempo, tus emociones, tus conocimientos, tu cuerpo o cualquier otra cosa que te pertenezca sin tu permiso, a la vez que comprendes que no tienes derecho a reclamar eso mismo de los demás.

- No permites que otros te hagan responsable de sus emociones y te abstienes de culpar a los demás, de hacerte la víctima o de esperar que alguien te cuide.

- Consideras que tus emociones, ideas, pensamientos y miedos son igual de legítimos que los de los demás, y tienes tanto derecho a hablar y actuar como cualquier otra persona.

- Quieres relaciones basadas en el cariño y el amor mutuos; no quieres «arreglar» a nadie y sabes que el único que puede arreglarte a ti mismo eres tú.

- Haces concesiones cuando quieres, nunca a la fuerza, por presión o bajo la dominación. Valoras la intimidad y puedes elegir la cercanía, pero también sabes que puedes retirarte si quieres.

- Eres servicial, compasivo y te preocupas por los demás, pero siempre sopesando tu propio bienestar, por lo que sabes que no debes consumirte en función del bienestar ajeno.

Sería demasiado fácil elaborar una lista de límites «buenos» y «malos», pero, irónicamente, son precisamente las personas con límites deficientes las que buscan seguridad y orientación en los demás, esperando que les digan cómo vivir sus vidas. No hay un libro de reglas. Como hemos visto, establecer límites es nuestra responsabilidad y nadie puede decirnos con qué nos sentimos más cómodos.

Incluso si ves límites que te parezcan que podrían servirte, es importante que los establezcas por tu propia voluntad y no porque te lo hayan sugerido. Esto te ayudará a cultivar un sentido de libertad y autonomía, y a vivir según las reglas que tú mismo has elegido. De niños, adoptamos reglas ajenas para nuestra vida por necesidad, y estos hábitos suelen persistir hasta la edad adulta, por lo que es frecuente que confiemos en lo que otros piensan y permitamos que decidan por nosotros.

Dejar este hábito de dependencia es clave para vivir una vida con límites saludables. Mientras trabajas en tus límites, pregúntate lo siguiente:

¿Realmente me sirve este límite (sirve a mis deseos, necesidades y valores en general)?

¿Cuáles son mis necesidades? ¿Este límite me ayuda a satisfacerlas?

¿Es apropiado este límite?

¿Cómo afecta o se relaciona mi límite con los derechos de los demás?

¿Cómo interactúa mi límite con mi cultura y contexto?

¿Qué efecto tienen mis límites en mí? ¿Me siento bien con ello?

¿Cómo podría mi límite ser mejorado?

Entre la espada y la pared: Drenaje emocional y soledad

Cada una de las células de los órganos y tejidos de tu cuerpo tienen límites. Son membranas semipermeables que selectivamente permiten que ciertas sustancias pasen y otras no. Se trata de una apertura condicional que tiene el objetivo de mantener un equilibrio interno.

Psicológicamente, las personas no son muy diferentes. Si permites entrar demasiado (las necesidades de otras personas, las críticas, la dominación, etc.), es probable que te sientas abrumado, hipersensible, estresado, ansioso, inundado de emociones negativas, al borde del colapso o incluso un poco adormecido. Todo es mucho. Puedes querer comer, trabajar o medicarte en exceso para llenar el vacío, sintiendo que la vida es un drama tras otro y que las emociones ajenas se confunden con las tuyas.

Si bien una membrana porosa entre tú y el mundo te pone en contacto con todo y todos, también te excluye de ti mismo. Al desconectarte de tus propias necesidades, puedes pensar subconscientemente que el hecho de que otros se aprovechen de ti te redime, te da valor, o inspirará a los otros a cuidar de ti. Los límites débiles, sean los que sean, dan como resultado un desequilibrio energético.

Las personas con límites mal definidos pueden sentirse constantemente agotadas. ¿Cómo podría ser de otro modo si estás consumiendo tu energía en los problemas de otra persona, y dejando tus propias metas en segundo lugar?

Los límites demasiado rígidos también indican un desequilibrio energético. Una célula del cuerpo puede estar demasiado abierta al agua y absorberla indiscriminadamente, lo que hará que se hinche y se hinche, hasta explotar. Pero una membrana que nunca permita la entrada de agua sufrirá el problema opuesto: comenzará a deshidratarse y encogerse lentamente. El equivalente psicológico es la soledad.

Algunas personas excluyen lo que es hiriente y dañino, pero van demasiado lejos y excluyen también lo bueno. Al cerrarse a todo, pierden la intimidad, la cercanía con los demás, el sentido de comunidad y pertenencia, y la posibilidad de ser apreciados y valorados por el grupo.

La soledad, el aislamiento y la alienación pueden ser consecuencias de límites carentes de flexibilidad. Es el tipo de persona que se equivoca al decir «No», nunca se arriesga, jamás confía en los demás y se equivoca al suponer que todo en la vida es una amenaza potencial, en lugar de discernir según el caso. El pensamiento en blanco y negro no deja lugar para el compromiso, la paciencia, la tolerancia, ¡ni para la diversión y el sentido del humor! Nos inclinamos a decir «No puedo hacer frente a eso» y nos alejamos, aunque nos estemos alejando de algo que en el fondo queremos.

Quienes tienen límites saludables entienden que estos implican un costo para la intimidad: es el riesgo de ser vulnerable. Al amar, aceptamos la posibilidad de perder ese amor. Al abrirnos a los demás, corremos el riesgo de ser rechazados. Pero los seres humanos no somos islas: una persona madura comprende que, tarde o temprano, el dolor potencial de socializar con otros seres humanos también imperfectos vale sus infinitos beneficios.

Los límites demasiado rígidos conllevan una enorme ansiedad y responsabilidad, una sospecha sostenida y una profunda desconfianza en el mundo y en los demás.

Estas personas cargan con todo ellas mismas, nunca piden ayuda, marchan valientemente solas.

A veces, pensamos en las personas empoderadas como puros individualistas que no necesitan a nadie y que construyen su propio camino en la vida sin ayuda. Pero no se trata de un superpoder, sino de la imagen de una persona con temor a la intimidad y que en el fondo es más débil debido a su miedo. Una persona verdaderamente empoderada es alguien que sabe cómo y cuándo pedir ayuda, cómo y cuándo mostrar vulnerabilidad, y cómo y cuándo descansar y dejar que otros la cuiden.

Mientras que aquellos con límites demasiado porosos pueden sentirse abrumados por los demás y perder la noción sobre sus propias necesidades, las personas con límites demasiado rígidos pueden sentir que su pequeño yo es todo lo que tienen en medio de un mundo desconocido e incierto, un yo desconectado, no amado e irrelevante para los demás. Nunca te abres a los demás y ellos nunca se abren a ti. Vives en un mundo de extraños, como un extraterrestre entre los humanos, sin nadie con quien compartir.

Entre estos dos extremos infelices es donde vive la persona sana. Sus límites están dentro de la zona perfecta de «Ricitos de Oro»: suficientemente firmes para hacerte sentir cómodo, respetado y a salvo de lo que podría agotarte o dañarte, y suficientemente flexibles y permeables para permitirte el amor y la intimidad con quienes quieres estar cerca. Aquí radica la magia de los buenos límites: lo que mantiene afuera a los malos, es lo mismo que deja entrar a los buenos.

Esto requiere pensar cuidadosamente. Una estrategia es abrirse completamente y dejar entrar todo (incluido lo malo); la otra es cerrar completamente y dejar todo afuera (incluido lo bueno). Cuanto más tiempo una persona haya practicado uno u otro hábito, más difícil será salirse de él y aprender a vivir en el medio. Los viejos hábitos son difíciles de erradicar, pero el esfuerzo traerá consigo la vida plena que es consecuencia de tener límites saludables.

Para dominar los límites, debemos aprender a trabajar en las áreas grises, a maniobrar entre los márgenes, los matices y los extremos. También debemos comprender algunas verdades fundamentales sobre los seres humano: somos tanto individuos como seres sociales, estamos solos y somos autosuficientes, y a la vez estamos permanentemente interconectados; a veces nos dan miedo la cercanía y la intimidad, y a veces ser orgulloso implica ser solitario. Podemos navegar por todas estas circunstancias si nos conocemos a nosotros mismos y nos comprometemos a considerar nuestras propias necesidades mientras ayudamos a los demás.

Es en el límite entre uno mismo y el otro donde suceden todas las cosas interesantes de la vida. Al trabajar en tus límites, no solo estás resolviendo una peculiaridad psicológica sino una de las áreas fundamentales de la experiencia humana. ¡Recuerda siempre tener compasión por ti mismo, así como por los demás, mientras lo resuelves todo!

Una pirámide simple

He aquí otra forma de pensar en que no todos los límites son iguales. Las violaciones a algunos límites pueden herirte profundamente, mientras que otras pueden causarte apenas molestias leves. Por lo tanto, es útil dividir tus límites en tres categorías, según el nivel de importancia que les otorgues. Esto te ayudará a descubrir la forma más adecuada de reaccionar cuando tus límites se vean violados. Estas tres categorías son: límites esenciales, límites deseados y límites tipo «la frutilla del postre».

De atrás para adelante, los límites tipo «la frutilla del postre» son aquellos que no son necesarios para tu bienestar, pero que igual te encantaría tener.

Considera este ejemplo. Digamos que no sueles ver televisión, pero tu madre la tiene encendida todo el día. Cada vez que la visitas, el zumbido del aparato se convierte en una molestia constante. Sin embargo, te resulta incómodo pedirle que la apague, ya que estás en su casa. En tal caso, podrías solicitarle que apague el televisor en determinados momentos, para establecer un límite.

Otro ejemplo puede ser desear que tu cónyuge te informe cuando vaya a llegar tarde del trabajo.

Ninguno de estos límites son decisivos para tus relaciones, sin embargo, si se establecieran de manera efectiva, podrían ayudarte a lograr las pequeñas cosas que deseas. No te preocupe si te parecen demasiado exigentes o invasivos; lo que importa es cómo los comunicas.

Luego están los límites deseados. Aunque, de una u otra manera, los tres tipos de límites forman parte de tus deseos, los límites deseados son aquellos que se encuentran entre los que son esenciales y los que son prescindibles, pero prefieres tener.

Consideremos otro ejemplo. Uno de tus amigos te envía mensajes constantemente y espera siempre una respuesta inmediata. No puedes permitirte el lujo de renunciar a tu trabajo para charlar con un amigo, y los mensajes te hacen sentir cierto resentimiento hacia él. En tal caso, puedes pedirle que no te envíe mensajes durante tu horario laboral a menos que el asunto sea urgente. Lo que hace que este sea un límite deseado es que si bien puedes tolerar este comportamiento, es importante para tu bienestar poder expresarlo.

Por último, tenemos los límites esenciales. Son los que necesitas hacer respetar y cuyas violaciones no estás dispuesto a tolerar. Siguiendo con el ejemplo anterior, si tu amigo se molesta contigo por no recibir respuestas inmediatas, tú puedes directamente considerar inaceptable su demanda. Otro ejemplo puede ser el siguiente: tu amigo vive haciéndote preguntas indiscretas sobre tu vida íntima y a ti te incomoda responderlas. Puedes decidir no tolerar más esas preguntas y estar dispuesto a tomar las medidas necesarias para protegerte.

Esta pirámide de límites es una excelente manera de crear un inventario de los límites que estás intentando establecer. En qué categoría cae cada límite depende exclusivamente de ti, y no debes preocuparte por cómo los demás podrían clasificarlos. Escríbelos y crea diferentes pirámides para diferentes personas si es necesario. Tener tus límites clasificados y en orden será invaluable cuando llegue el momento de establecerlos.

Se necesitan dos para bailar el tango

Los límites saludables son, en verdad, más el resultado de una buena autoestima que la causa de ella. De manera similar, una buena relación de pareja suele exhibir buenos límites justamente porque es una buena relación, mientras que arreglar los problemas de límites en una mala relación puede no ser suficiente para convertirla mágicamente en una buena relación. Los buenos límites hacen que las personas sean sanas, y las personas sanas son capaces de establecer buenos límites.

Ya sea que estés soltero, en una relación de pareja o recuperándote de una ruptura, siempre vale la pena indagar en cómo convertirte en una persona con límites excelentes. Si estás comenzando desde un lugar de baja autoestima, la práctica de límites saludables puede hacer crecer tu sentido de valía en tu propia identidad, y es este sentido el que, a su vez, te facilitará continuar con los buenos límites; es un ciclo virtuoso.

Al mismo tiempo, quienes tienen límites saludables pueden verse algo vulnerables con sus parejas debido a cierta tendencia a tratar las relaciones románticas de manera diferente a otros tipos de vínculos. Por ello, aunque tengas excelentes límites en general, quizás tengas dificultades para hacerlos cumplir en tus relaciones de pareja.

Muchas personas notan por primera vez sus problemas de límites en el contexto de sus relaciones románticas. Las señales de advertencia son exactamente las mismas, pero en este contexto puedes detectar la presencia de límites deficientes si:

- Tu pensamiento es blanco o negro: eres perfecto o muy malo, ¡sin grises!

Y para tu pareja es exactamente igual, a todo o nada.

- Te involucras y apegas demasiado a una persona apenas la conoces.

- Te sientes a la defensiva, culpable, atrapado en extraños pensamientos de los que no puedes escapar, culpando a los demás o sintiéndote «loco».

- Asumes la responsabilidad de las acciones de tu pareja («No fue su intención, solo estaba de mal humor»), o eres incapaz de asumir la responsabilidad por ti mismo y tus acciones.

- Sostienes relaciones del tipo «los opuestos se atraen»: o estás desesperadamente enamorado de alguien que no se muestra tan dispuesto, o te sientes distante e incapaz de comprometerte. También podría ser que ambos integrantes de la pareja complementaran sus roles de «perseguidor» y «perseguido». Por ejemplo, una persona dispuesta a asumir la culpa de todo puede encontrarse con una persona feliz de culpar a los demás por sus problemas.

- Te sientes controlado por tu pareja o quieres controlarla, experimentando problemas de celos.

- Uno o ambos sienten que «necesitan» al otro en lugar de quererlo, y existen patrones de dependencia, chantaje o coerción.

- Sientes tu relación como una montaña rusa: nunca se siente tranquila, serena ni segura.

- Hay manipulación y engaños.

- Sientes que nunca podrás soltar a tu pareja y que estás incompleto sin ella; solo ella pueden garantizar tu felicidad.

- Sientes que sacrificas mucho por la relación y que comprometes muchas de tus necesidades para ganarte su amor.

En las relaciones clásicas de interdependencia, la dinámica se basa en límites defectuosos: una persona acepta subconscientemente la responsabilidad de hacer feliz al otro, mientras que la otra acepta subconscientemente no ser responsable de sus acciones o emociones. Este es el patrón entre narcisistas y empáticos, salvadores y sus «incomprendidos proyectos de rescate», abusadores y víctimas, personas emocionalmente distantes con parejas emocionalmente dependientes y empeñadas en pasar sus vidas persiguiendo, rescatando y arreglando a quien se niega a ser perseguido, rescatado o reparado.

En las relaciones interdependientes, una víctima crea problemas porque siente que esto hará que los demás la amen. El rescatador interviene para ayudar, porque cree que salvar a los demás le dará valor y hará que los demás lo amen. Aunque las necesidades de ambos lados son genuinas, el método para satisfacer esas necesidades está condenado al fracaso. La relación se convierte en un círculo vicioso en el que, si bien ambos sienten que obtienen temporalmente lo que necesitan, su comportamiento desgasta su autoestima y su sano sentido de identidad, y en última instancia no satisface a nadie.

Las «víctimas» en estas dinámicas de límites demasiado porosos solo pueden sanar cuando fortalecen lo suficiente su propia identidad como para comprender lo que quieren y necesitan, para luego establecer límites y asumir la responsabilidad de su propia felicidad. Deben liberarse de la creencia de que otros son responsables de su infelicidad, o que lograrán el bienestar y la integridad al rescatar a otros. Estas «víctimas» (vale el entrecomillado pues en realidad no lo son) deben cambiar su enfoque en relación a las necesidades, y preocuparse por las suyas propias y no tanto por las de los demás, entendiendo su valor como personas sin culpa y sin el deber de asumir la responsabilidad de rescatar a los demás.

Cuando una persona con límites débiles logre hacer esto, ya no atraerá ni mantendrá relaciones con personas con problemas de límites complementarios a los suyos. Más bien, atraerá a las personas sobre la base de una autoestima madura, consciente y saludable. No es raro que al desarrollar una identidad y unos límites más saludables, una persona descubra que su relación no funciona; esto no debe ser considerado un fracaso, sino una señal de que la persona ha crecido y evolucionado. Al buscar una nueva pareja que la respete, desarrollará una relación más saludable desde el primer día.

Puede ser más fácil construir una relación sana de adentro hacia afuera, cultivando la confianza y la autoestima en primer lugar, independientemente de lo que otros hagan o dejen de hacer. De esta manera, hacemos de nuestro propio crecimiento psicológico nuestra primera responsabilidad, y no esperamos a que otro nos ayude ni culpamos a una mala relación por no habernos permitido cambiar.

Algunos buenos mantras sobre los límites:

- No soy responsable de las emociones de los demás. Mi trabajo no es vivir la vida de los demás, sino vivir mi vida.

- No dejaré que la culpa, la vergüenza o el miedo impulsen mis acciones. No culparé a los demás por mis elecciones, ni aceptaré que los demás me culpen por sus elecciones.

- No intentaré controlar a los demás, ni aceptaré que intenten controlarme.

- Merezco amor y respeto tal como soy. No necesito rescatar o arreglar a otros, no necesito jugar a mostrarme como un ser indefenso ni manipular a otros para ser digno de amor y respeto.

- Hago las cosas porque quiero, no porque tenga que hacerlas. Sé lo que quiero porque sé quién soy.

- Es mi trabajo conocer, comunicar y hacer valer mis necesidades. Tengo el derecho y la responsabilidad de alejarme de aquellos que violan mis límites.

Conclusiones

- Es muy fácil caer en la trampa de reemplazar límites blandos por límites demasiado rígidos. Podríamos creer que nos estamos protegiendo al levantar un enorme muro emocional a nuestro alrededor, pero en verdad nos estamos aislando de las experiencias positivas que son necesarias para tener una vida plena. Debemos saber reconocer aquello que se ubica en el espacio entre estos dos tipos de límites, e integrarlo en nuestra vida diaria.

- Los límites demasiado débiles inevitablemente serán una carga emocional para nuestra salud mental. Cuando mantenemos esos límites, implícitamente permitimos que otros nos pisoteen. Esto nos lleva a sentirnos usados y despreciados. Por otro lado, los límites rígidos pueden hacernos sentir extremadamente solos. Es comprensible que nos pongamos a la defensiva y nos sobreprotejamos si las personas más cercanas nos han traicionado o lastimado, pero mantener a todo el mundo a distancia solo nos desampara y aísla.

- La clave para establecer buenos límites es concentrarte en lo que te resulta cómodo a ti y a nadie más. Puede ser tentador mirar alrededor y copiar los límites que creemos que deberíamos tener, pero si queremos vivir una vida autónoma, tenemos que hacerlo según nuestras propias reglas. Esto no significa no comprometernos nunca ni ser flexibles. Las relaciones sociales siempre implican dar y recibir. Lo importante es que esto sea algo que consintamos y estemos dispuestos a aceptar.

- Las buenas relaciones de pareja se basan en límites saludables establecidos por ambas partes. Incluso si sufres una baja autoestima de origen, con algo de perseverancia podrás convertirte en una persona capaz de establecer límites saludables en la pareja.

Capítulo cuatro: Conócete a ti mismo

¿Cómo relacionarse mejor? Teniendo buenos límites.

¿Cómo tener buenos límites? Asumiendo la responsabilidad de hacer valer tu necesidades y deseos.

¿Cómo saber cuáles son tu necesidades y deseos? Conociéndote a ti mismo.

Una cuestión de límites es, en última instancia, una cuestión de identidad.

Se trata de comprender quién eres, y conocer todas las formas y contornos que configuran tu personalidad, tus valores, tu conjunto único de lo que te gusta y lo que te disgusta. Pero si tienes problemas de límites, esto puede no parecer algo fácil de resolver. Quizás hayas antepuesto las necesidades de los demás a las tuyas durante tanto tiempo que ya no sabes lo que quieres. Quizás debas tomarte un tiempo para reafirmar o, tal vez, redefinir tus preferencias.

Tus sentimientos son una pista. Tu corazón y tu cuerpo pueden alertarte sobre tus valores y tus límites internos, aunque no seas consciente de ellos. Recuerda que nadie puede decirte con qué sentirte cómodo, sólo tú lo sabes. En primer lugar, debes comprender que como ser humano tienes derechos que no deben ser violados nunca.

Aunque tengas una baja autoestima, tienes derecho a decir «No» sin culpa, derecho al respeto, a tener necesidades, a cometer errores y aprender de ellos. Para algunas personas, el solo hecho de saber que tienen derecho a tener límites puede resultar increíblemente sanador. Estas personas necesitan recordarse constantemente a sí mismos: «Yo importo. Lo que quiero y lo que no quiero importa».

Consulta con tu instinto. Es cierto que toda una vida de mala crianza, malas relaciones y una programación cultural defectuosa pueden resultar en personas débilmente conectadas con sus propios límites. Pero si haces silencio y te comunicas con tu cuerpo, puedes escuchar la voz de tu intuición. Observa cómo tus hombros se tensan cuando tu jefe entra en la oficina. Nota esa curiosa sensación de pesadez en la parte posterior de la garganta cada vez que tu pareja te agravia. Examina esa horrible sensación en la boca del estómago cuando un miembro de la familia te avergüenza por algo. Todas estas son formas mediante las cuales tu cuerpo te dice «Esto cruzó un límite».

Pregúntate (¡y hazlo seguido!) quién eres y qué representas. tu identidad forma tus valores, y tus valores forman tus límites. Si eres una persona amable y compasiva, uno de tus valores será proteger y cuidar a los animales. Esto, a su vez, hará que uno de tus límites sea no tolerar que lastimen a tus mascotas. Entonces, si un familiar o un amigo patea a tu perro, puedes actuar de inmediato y con decisión. Pones un límite con firmeza: «Nadie lastima a mi perro. Si lo vuelves a hacer, ya no serás bienvenido en mi casa».

Sin una idea clara acerca de tu identidad, es más difícil asentarte sobre valores firmes y es más probable que establezcas límites no tan relevantes, ¡y tal vez estos apenas sean expectativas y presiones que has absorbido de los demás! A medida que trabajas en tus límites, tómate el tiempo para convertir tus juicios de valor en límites que puedan afirmarse de manera práctica.

¿Cuánto deseas sacrificar realmente; de cuánto tiempo, energía y otros recursos dispones? ¿Qué te incomoda? ¿Qué es lo que más te importa y qué cosas no son prioritarias en tu vida? ¿Estás poniendo suficiente energía y atención en tus prioridades? ¿Estás centrándote principalmente en tus propias necesidades o en las de los demás? Los límites no son en blanco y negro: ¿qué es innegociable para ti, y en qué puedes ser un poco más flexible? ¿Con qué te sientes feliz de comprometerte?

Muchas personas esperan que otros se encuentren frente a sus límites para recién allí evaluarlos y mejorarlos. Pero un buen trabajo con los límites comienza mucho antes de que encontrarse con otras personas y sus comportamientos.

Por ejemplo, antes de comenzar en un nuevo empleo te puedes tomar el tiempo para delinear una estrategia proactiva, reflexionar sobre tus valores y prioridades, y sobre tu tiempo y energía disponible, para así establecer un límite estricto de horas de trabajo. Sabiendo esto de antemano, estarás más preparado la próxima vez que alguien pretenda obligarte a hacer horas extras.

Expresarse en primera persona de manera cortés pero a la vez firme, ayuda a dejar claros los límites y seguir adelante. De esta forma, el sujeto afirma su derecho a tomar sus propias decisiones, y comunica a los demás que su tiempo y su bienestar son importantes.

A menudo, te enfrentarás a situaciones imprevistas en las que tendrás que pensar con rapidez y decidir si algo está violando tus límites. Digamos que saliste con tus amigos y uno de ellos sugiere hacer algo con lo que te sientes incómodo, pero los demás no. Podría ser una gastar broma, consumir drogas o cualquier otra cosa. Puedes pensar que se justifica cierta flexibilidad en tus límites, aunque es posible que estés viéndote presionado por el grupo en ese momento. En tales casos, es imperativo que se respeten sus necesidades y tu comodidad por encima de resultar complaciente o parecer relajado. Si una idea te incomoda, es probable que llevarla a cabo no te haga sentir mejor. Cuanto más difícil sea para ti un área en particular, más laboriosa deberá ser tu planificación en ella.

Siguiendo con los ejemplos, puedes decidir que no quieres citas que duren más de una hora porque te agotan o no responder mensajes personales durante las horas de trabajo. Tus límites pueden ser más abstractos, por ejemplo, si tienes una mala experiencia o alguien con quien sales resulta ser grosero, puedes prometerte a ti mismo que no permitirás que esa energía negativa afecte tu vida. Trazas un límite y te dices a ti mismo: «No importa lo que pase. No responderé con cinismo ni con rudeza, pero tampoco permitiré que una decepción afecte mi ánimo».

Empieza por quien eres. Conócete a ti mismo, descubre lo que quieres y lo que no quieres. Luego, permítete poner un límite. Pregúntate qué estás tratando de lograr con ese límite. ¿Es para protegerte? ¿Es para mantener un mayor equilibrio en tu vida, para nutrir tu autoestima? Una vez que hayas establecido tu objetivo, piensa en formas realistas y prácticas de afirmar y defender tu límite, pues debes prever lo que harás si alguien no lo respeta.

En primera persona

Los límites involucran a otras personas, pero principalmente te involucran a ti. Cuando pongas límites, mantente a ti mismo y a tus necesidades en el centro de la escena.

Hemos visto que puede resultar complicado hacer valer tus propias necesidades sin invadir los derechos de los demás. Esto es especialmente difícil para aquellas personas que primero ceden, y luego estallan y atacan mucho más allá del punto en el que su límite fue afectado.

Expresa tus límites en términos de tus sentimientos, valores y necesidades, y no en base a lo que la otra persona hace o no hace. Esto te ayudará a tener un sentido de control y de responsabilidad sobre tu propio bienestar emocional, sin insinuar que sean los demás los responsables de ello. Al mismo tiempo, puedes sugerir un acuerdo que considere conveniente para ambos, o especificar lo que le gustaría que la otra persona hiciera para ayudar a mejorar la situación.

«Cuando me pides que lave los platos cuando te toca a ti, siento que te aprovechas de mí y que no me valoras. Me siento mucho mejor cuando haces tu parte del trabajo».

«Cuando me toca trabajar los fines de semana, me siento decaído y con resentimiento, porque mi familia es más importante que mi trabajo. Necesito que mis fines de semana estén libres de obligaciones laborales».

«Cuando otros hacen comentarios sobre lo que llevo puesto, me siento atacado y juzgado. Necesito que la gente me respete como soy».

Si alguien te pide que hagas sus quehaceres por ellos, te pide que trabajes el fin de semana o hace un comentario sarcástico sobre tu ropa, puedes decir «No» o apartarte de la conversación. Si has pasado tiempo comprendiendo y comunicando tus necesidades y tus valores, te sorprenderás al descubrir que la gente rara vez te presionará. ¡Sabrán naturalmente cuáles son tus límites y te creerán! Si puedes decir «No» de manera cortés y calma, fortalecerás tu estima por ti (al mismo tiempo, una persona que no lo entienda así, no es alguien a quien debas tener cerca).

Sin embargo, existen algunos casos en los que las declaraciones en primera persona pueden no funcionar y ser percibidas como acusaciones veladas que conducen a una respuesta defensiva. Esto, en última instancia, no resuelve el problema de fondo.

Retomemos unos de los ejemplo mencionados anteriormente. La persona a quien se le pide hacer una parte de las tareas domésticas que no le corresponden, fácilmente podría optar por concentrarse solo en la primera mitad de la declaración: «Siento que te aprovechas de mí y que no me valoras». La otra persona podría sentir que se le está insinuando que tuvo la intención de aprovecharse y despreciar al otro. En tales casos, puede ser útil ser un poco blando en las emociones a expresar y en la forma de decir.

Digamos que estás molesto porque tu cónyuge llega tarde a casa repetidamente y no cena contigo. En lugar de decir que te sientes despreciado, expresar haberte sentido solo o no querido podría ayudarte a transmitir el mensaje de una manera más constructiva.

Tú en relación con los demás

Una vez que sepas quién eres, puedes comenzar a verte con más claridad en relación con los demás. Empieza a parecerte cada vez más obvio lo que está bien y lo que está mal, lo cómodo y lo incómodo, lo saludable y lo insalubre. Desafortunadamente, un efecto secundario de desarrollar mejores límites y consolidar tu autoestima, es que te mostrará de inmediato quién acepta tus términos. Decir «No» te revelará todas aquellas personas que siempre esperaron un «Sí».

Puede resultar impactante ver cómo los demás responden a tu autoconfianza en crecimiento. Quizás te sorprenda comprobar cuán interesados estaban los demás en que tú fueras exactamente como ellos querían que fueras, independientemente de tus propias necesidades, y es posible que detectes comportamientos equivocados diseñados para culpar, asustar o avergonzarte. Cuando crecemos, algunas cosas ya no funcionan en nuestras vidas. Quienes realmente se preocupan por ti como persona te darán la bienvenida y celebrarán tus límites más saludables, mientras que aquellos que sacaron ventaja de ti no estarán contentos, y te llamarán egoísta y mezquino.

¿Cómo son tus relaciones sociales actualmente? Examinar nuestras relaciones no solo puede ser valioso en sí mismo, sino que es un ejercicio que puede arrojar luz sobre nuestros propios límites problemáticos. Ya sea un colega, un jefe, una pareja, un pariente o un amigo, y ya sea una relación actual o pasada, nuestro comportamiento con los demás puede manifestarnos en voz alta y clara lo que pensamos de nosotros mismos.

¿Cómo fueron tus límites con tus padres, las personas a cargo de tu formación y tus modelos a seguir, y que tuvieron impacto en tus relaciones posteriores? ¿Fueron demasiado rígidos o demasiado laxos? Algunas personas pueden mirar hacia atrás y detectar el origen de sus problemas con los límites en padres demasiado exigentes, intrusivos o enredados. ¿Ves algo de tus viejas relaciones en tus relaciones actuales? Si tienes inconvenientes para identificar algún problema concreto, puedes formular la pregunta de otra manera: ¿Qué lecciones has aprendido sobre tu identidad, el sentido de tu vida, tu valor como individuo, tus derechos y responsabilidades? Cada familia tiene sus nociones tácitas sobre el amor, el valor y la pertenencia. ¿Cuáles eran las tuyas?

A medida que te acerques al presente, observa a las personas clave en su vida y la calidad de tu conexión con ellas. Quizás pienses que algunas de ellas traspasaron tus límites, pero ¿puedes identificar otros patrones más generales? La literatura de autoayuda abunda en descripciones de «gente tóxica», pero ninguna persona es una isla, una entidad aislada ni tóxica por sí misma. Más bien, lo tóxico es la relación, la dinámica, la historia entre dos o más personas. ¿Has participado de alguna historia tóxica? Tal vez hayas sido la víctima, el rescatador, el complaciente o el introvertido que nunca pronunciaba palabra. O quizás fuiste la persona que siempre salía herida y por ello construiste un muro, y desafiaste a quien fuera capaz de escalarlo para demostrar su genuina preocupación en ti.

Aunque las discusiones sobre estos temas tienden a describir tales rasgos y situaciones como simples o fácilmente discernibles, los seres humanos tendemos a ser insidiosamente tóxicos sin darnos cuenta. Una madre que traspasa los límites de su hijo por amor y sobreprotección es tóxica por no anteponer los deseos de su hijo a los suyos propios. Por ello, identificar patrones dañinos y de toxicidad requerirá invariablemente una reflexión seria sobre la naturaleza de nuestras relaciones. Si descubrimos que nosotros somos los tóxicos, debemos ser lo suficientemente humildes para admitirlo y tratar de mejorar cuanto podamos.

¿Qué hay de tu relación romántica actual, si es que la tienes? Aquí puede resultar más difícil detectar límites poco saludables porque gran parte de lo que la cultura nos enseña como «normal» en realidad no está bien. Los enamorados recitan no poder vivir sin el otro, las tarjetas de San Valentín dicen

«Me completas», y pensamos que una pareja que lo hace todo juntos es una pareja perfecta. A las chicas jóvenes se les dice que los celos demuestran amor y vemos comedias románticas en las que el protagonista masculino es básicamente un acosador.

Los límites deficientes en una relación romántica no siempre se manifiestan como abuso o discusiones dramáticas. Algunos signos menos obvios incluyen la vigilancia de uno sobre el otro, el enojo por no escribir o llamar con suficiente frecuencia, entrometerse, preguntar insistentemente dónde está el otro o cuándo volverá a casa... El mensaje subyacente parece ser: «Siempre debes estar disponible para mí». Esa es una violación de los límites del tiempo con propósitos de control. Sin embargo, cuando estamos enamorados, podemos confundirlos con signos de amor debido a nuestra errada idea acerca de lo que significa ser una buena pareja.

Si uno de los dos no puede tomar una decisión sin el otro, eso sugiere confusión y un sentido de la identidad demasiado ligado a la relación. Debes poder saber con certeza lo que quieres, independientemente de lo que quiera el otro. De manera similar, tener un compañero o una compañera «protectora» puede parecer genial, pero nunca deberías sentirte infantilizado, dependiente o desamparado. Esta puede constituir una táctica para controlar, afirmando: «Solo hago lo mejor para ti" o «Crucé ese límite porque intento ayudarte».

Debes encender la señal de alarma si invaden tu privacidad (revisan tu teléfono, tus pertenencias personales o tu diario, por ejemplo). Si uno o los dos se sienten inseguros y necesitan una validación constante, esa también es una señal de problemas de límites y puede asignarle a uno de los dos el rol de cuidador o rescatador. Ten cuidado con la sensación de «todo o nada». Todos extrañan a su pareja cuando esta se va, ¡pero tu mundo no debería desmoronarse si se va por unos días!

Por último, ten cuidado si estás junto a alguien que deja todo por ti, o te anima a hacer lo mismo, por ejemplo, exigiéndote que dejes de ver a tus amigos y familiares. Todas estas son señales de alerta de que la dinámica de la relación no es saludable.

Detectando el abuso

¿Qué pasa si estás lidiando con una persona francamente abusiva que se niega a respetar tus límites? Las señales de alerta anteriores pueden ser el resultado de que al menos uno de los miembros de la pareja tiene problemas para establecer límites saludables. Estos problemas pueden encauzarse mediante una conciencia compasiva, asesoramiento y una reevaluación de la relación.

Sin embargo, las dinámicas verdaderamente «tóxicas» llevan las cosas un poco más lejos. Cuando una persona traspasa un límite a sabiendas y para su propio beneficio, ese es el ámbito del abuso deliberado y directo. Una relación con una persona así puede ser muy peligrosa, especialmente si la persona a quien le están violando sus límites ni siquiera comprende lo que sucede. Puede quedarse atrapado en la disfunción por suponer que se lo merece, creer que es bueno para ellos, sentir lástima por su abusador o, peor aún, creer que así es el amor. En una relación de esa naturaleza, el asesoramiento y la conversación rara vez resultarán suficientes.

Quienes tienen un pobre sentido de la identidad y una autoestima baja pueden verse rápidamente envueltos en dinámicas poco saludables, incapaces de entender que sus límites se están desgastando lentamente y su bienestar está siendo dañado.

Un límite es como el sistema inmunológico del alma: sin un sistema inmunológico, el cuerpo físico se vería afectado rápidamente por una infección, y no es diferente a lo que sucede con nuestro cuerpo emocional o espiritual. Algunas personas están tan envueltas en el drama, las demandas, la coerción, las amenazas, la culpa, la vergüenza, el miedo y la manipulación que todo eso se vuelve invisible para ellos. Simplemente piensan: «Así es el amor» o «Todos los matrimonios son así».

Si tienes límites débiles, es muy posible que hayas atraído o estés atrayendo a personas que explotan o presionan los límites de los demás para su propio beneficio. Será de gran ayuda entonces comprender cómo se están violando sus límites. Vuelve a confiar en su instinto, y sintoniza tu propio cuerpo y alma para verificar si ciertas situaciones, personas o comportamientos se alinean realmente con la forma en que te ves a ti mismo y lo que quieres del mundo. Una relación tóxica puede estar representando un desprecio por ti mismo que llevas inconscientemente dentro de ti. Las personas que te tratan como si no valieras nada pueden estar confirmando tu propia creencia interna de que no vales nada.

Ten cuidado con la «urgencia psicológica» en las relaciones. Esta es la sensación de que debes responder inmediatamente cada vez que tu pareja lo reclama, o de lo contrario... Si te sientes presionado por actuar como si el tiempo o la paciencia fuera a agotarse, estás siendo manipulado. Alguien que de repente envía un mensaje de texto diciéndote «Vístete y prepárate que en 20 minutos te llevaré a cenar», no está siendo romántico, sino que está obligándote a tomar una decisión impulsiva sin pensar y a hacer lo que él quiere. Siempre debe haber espacio para que pienses y respondas. Ten cuidado si siempre te sientes apresurado.

Al comienzo de una relación, ten cuidado con otros gestos intensamente «románticos» que están diseñados para abrumarte y desorientarte. Cuídate de las personas que intentan «ganarte» o «atraparte», que envían flores a tu casa todos los días, se presentan sin previo aviso o consultan a tus amigos sobre tu agenda para saber dónde estás y poder «sorprenderte».

Puede que al principio te sientas halagado por el tiempo y la atención que la otra persona está dedicando a impresionarte, pero estas acciones pueden no ser bien intencionadas. El efecto es el mismo, independientemente: te quedas sin poder y te ves a la defensiva ya que decir «No» será percibido como grosero e ingrato. ¿Y qué sucede si rechazas estos avances? Lamentablemente, muchas mujeres saben lo rápido que un hombre puede pasar de considerar a su objetivo como una diosa a desearle lo peor, solo porque ella le dijo «No».

En las primeras etapas de una relación, trata de no ver lo que la otra persona está haciendo para ganar un «Sí», sino más bien cuán preparada está para aceptar tu «No».

Una vez que una relación está en marcha, el abuso a menudo se caracteriza por una falta general de preocupación por tu bienestar emocional. Si constantemente te sientes confundido, nervioso o incómodo, no se trata de una «relación apasionada», sino que es un problema. El comportamiento frío y distante, negarse a hablar contigo como castigo, tratarte como un loco o poner en duda tu sano juicio son características de los abusadores y narcisistas empeñados en controlar a los demás.

De más está decir que la falta de preocupación por tu salud y tu seguridad física también son alarmas y violan tus derechos humanos fundamentales. Nunca debes verte obligado a hacer cosas que te asusten o te pongan en peligro.

Los abusadores socavarán deliberadamente tu privacidad, tu tiempo y tu autoestima. Se sentirán con derecho a convertirte en una herramienta para ellos, creerán que merecen tener partes tuyas: tu tiempo, tu sexualidad, tu amabilidad, tu atención. Disfrutarán de lo que les brindes, pero esto es completamente diferente a apreciarte y valorarte como persona. Pregúntate, ¿tu pareja te ama o ama lo que obtiene de ti?

Distintos tipos de manipulación pueden colocarte en la posición en la que el abusador te quiere: puede aplastarte lentamente, usar el miedo para controlarte, menospreciarte para que no te sientas con derecho a decir «No», llamarte loco, «ponerte a prueba», castigarte con silencio o enfurruñarse, provocar peleas o utilizar la típica respuesta de negar, atacar e invertir los papeles de víctima y victimario (lo que se conoce como «DARVO» por sus siglas en inglés).

Las maneras que los abusadores tienen para cometer sus abusos son interminables, lamentablemente, pero todas conducen a lo mismo: son las herramientas de quien pretende traspasar tus límites para obtener lo que desea. Se trata de una persona que, consciente o inconscientemente, cree que los demás no tienen derechos ni libertad de elección, sino que son recursos a explotar o medios para un fin. Cree que sus deseos son más importantes que los derechos o el bienestar de otras personas.

Una persona que te ama y te respeta se preocupará por tus deseos y tus necesidades, y nunca los pisoteará para satisfacerse. Tener un fuerte sentido de identidad y autoestima te alertará de inmediato en caso de detectar este comportamiento parasitario y explotador. Tus límites son barreras protectoras en torno a lo que amas y valoras en ti mismo, y les dicen a los posibles abusadores: «Yo no soy una cosa para usar. Tengo corazón cuerpo y mente».

Tu rol, tus necesidades

La pregunta obvia que hay que hacerse es: ¿Para qué estás, si no es para satisfacer las necesidades de alguien que no se preocupa por ti? No puedes responder a esta pregunta sin comprender tu propia identidad, tus necesidades, derechos, valores y deseos. Una gran parte del problema en las relaciones abusivas o insalubres es el acuerdo tácito de la «víctima» de continuar permitiendo ser usado de esa manera. Enfocada en las necesidades y deseos del abusador, sus propias necesidades y deseos son invisibles.

Los límites confusos o dañados son aquellos en los que no está del todo claro qué pertenece a quién: una persona siente que tiene la culpa de las acciones del otro, otra siente que su pareja es responsable de su felicidad, y nadie sabe muy bien dónde termina uno y dónde comienza el otro. Para empezar a deshacer este lío, es necesario reducir la velocidad y empezar a mirar con atención la dinámica de los individuos.

¿Cuáles son las necesidades de los demás? ¿Y cuáles son tus necesidades?

¿A qué tiene derecho tu pareja? ¿Y cuáles son tus derechos?

Las personas con límites deficientes a menudo olvidan incluirse en la ecuación. Pueden pasar toda su vida preguntándose por qué su pareja hace esto o aquello, qué está pensando su pareja, qué quiere o qué quiere decir, qué necesita, cómo hacerlo feliz. Se convierten en el animador, el terapeuta, el cajero automático, el padre o el oficial de policía de su pareja. ¡Puedes comenzar a sentir que la relación es de una sola persona, con un ayudante encargado de hacer las cosas más fáciles! Sin embargo, cuando incluyes tus propias necesidades y deseos en la ecuación, puedes comenzar a equilibrar las cosas y llevar tu relación hacia un lugar más saludable, maduro y respetuoso.

¿Qué sucede al afirmar tus límites? Algunas personas los respetarán y honrarán. Si has establecido y comunicado tus límites con claridad, es posible que te sientas mejor, pero puedes hallarte frente a alguien que no esté de acuerdo con tu nueva idea de ser tan valioso como él. ¿Y entonces qué?

La cruda verdad es esta: no podemos hacer que una persona respete nuestros límites, simplemente porque no podemos hacer que una persona haga nada en general. Esto es lo que quienes traspasan los límites nunca comprenden: las personas no están destinadas a ser controladas. No podemos hacer que alguien nos respete, nos ame o valore. Pero siempre podemos respetarnos, amarnos y valorarnos a nosotros mismos, y siempre podemos elegir lo que nosotros mismos hacemos.

A veces, en una pareja, uno de los dos lanza un ultimátum severo, pero retrocede cuando el otro se niega a ceder. El error es considerar al ultimátum como una forma de controlar lo que hace la otra persona, cuando debe ser una forma de aclarar y establecer lo que tú harás.

Entonces, respondiendo a la pregunta de qué hacer cuando las personas violan tus límites: depende de ti.

Es tu decisión, pero las siguientes preguntas pueden ayudarte a elegir el mejor curso de acción:

Pregunta 1: ¿Existe algún margen de maniobra en este límite? ¿Podrías modificarlo o eliminarlo?

Las relaciones saludables requieren cierto nivel de compromiso. Nadie obtiene todo lo que quiere todo el tiempo. ¿Es el límite que se ha cruzado un límite no negociable para ti, o puedes acomodarlo un poco por el bien de la relación?

Es importante destacar que la pregunta es si estás dispuesto a ceder, y no si te sientes culpable u obligado a ceder. Puedes estar dispuesto a hacer una excepción si los beneficios son mayores que las pérdidas. Pero ten cuidado, tiene que ser algo que estés realmente dispuesto a hacer. Ser un mártir que inconscientemente espera que renunciar a sus propias necesidades le traiga un beneficio posterior es simplemente otra forma de manipulación.

Pregunta 2: ¿Puedes identificar un patrón de comportamiento?

Una persona que presiona tus límites podría estar haciéndolo inocentemente y podría llegar a entenderlo inmediatamente si se lo haces saber. ¿Pero acaso te encuentras poniendo el mismo límite una y otra vez? Esa puede ser una señal de que no te han prestado atención.

Es incómodo admitirlo, pero cuando otras personas son indiferentes a nuestros límites, suele ser porque nosotros mismos no los tomamos en serio. Puede resultar útil anotar todas las infracción a tus límites y llevar un registro para mantener la claridad y la concentración, y también para identificar patrones. Si constantemente le dices a las personas que no hagan algo pero a la vez no hay consecuencias reales para ellos si lo hacen, seguirán haciéndolo. Se puede perdonar una vez, pero un patrón de repeticiones sugiere que debes respetar tus propios límites antes de esperar que los demás lo hagan.

Ten en cuenta que no todas las violaciones de los límites merecen la misma reacción. Algunos límites son esenciales para nuestro bienestar, mientras que otros son más flexibles. Reaccionar con demasiada fuerza a algunas violaciones puede no ser apropiado y puede estropear relaciones importantes en tu vida. Al mismo tiempo, sé firme con aquellos límites que se han violado repetidamente incluso luego de haberlos comunicado, así como haciendo cumplir las medidas correctivas.

Pregunta 3: ¿Es esta persona realmente capaz de respetar tus límites?

No importa cuán legítimos sean sus límites, qué tan bien los comunique o cuántas segundas oportunidades des. Algunas personas simplemente no quieren respetarte y quizás nunca lo hagan. Esto puede resultar extremadamente difícil de digerir, especialmente si eres una persona amable y cariñosa. Pero es algo así como intentar mantener una conversación civilizada con un león hambriento, esperando una y otra vez que deje de intentar devorarte.

Desafortunadamente, existe la posibilidad de descubrir que algunas de las personas que más valoras encajan en esta categoría.

Sin embargo, el valor de una persona en tu vida no hace que su mal comportamiento sea menos o más justificable. Si tu pareja, un amigo o pariente demuestra constantemente una falta de voluntad para respetar tus límites, es hora de distanciarse de ellos física y emocionalmente.

Pregunta 4: ¿Cómo te sentirías si limitaras el contacto con esta persona?

Si no estás dispuesto a ceder, si existe un patrón repetido de falta de respeto, y si la persona no puede o no quiere cambiar, entonces puedes pensar en formas de minimizar tu exposición. Elegir permanecer en una situación denigrante es, en cierto modo, un acto de auto-abuso. Es cierto que no siempre podemos huir de las personas dañinas (por ejemplo, si son nuestros jefes o nuestros padres), pero siempre tenemos la opción de moderar nuestras interacciones.

Podemos buscar otro trabajo, mudarnos, o administrar nuestro tiempo y espacio personal de tal manera que se minimice el contacto. Puede ser un proceso largo y algo incómodo para desenredarnos de las dinámicas que han tardado años en configurarse, pero es posible hacerlo. Todo comienza contigo recordando que tienes derecho a decir «No».

Limitar el contacto suele considerarse difícil e injustificable. Esto es especialmente cierto cuando se trata de la familia, que podría criticarte por tu decisión. Por otra parte, enfrentarte con un amigo por violar tus límites podría resultar en que el grupo te presione para arreglar la amistad. Independientemente de la motivación para resolver las cosas, no todas las relaciones o amistades se pueden arreglar, y una ruptura limpia podría ser la mejor opción para tu salud mental. No tienes que explicar tu decisión a nadie. Alejarte conscientemente de una situación dañina no es un castigo, un acto de venganza ni una forma de manipular a otras personas para que te traten mejor. Cuando te alejes o limites el contacto, asegúrate de hacerlo por ti y ser firme, entendiendo con claridad por qué estás tomando esa decisión.

Si te sientes atrapado por la culpa, intenta enmarcar la reducción del contacto en un gesto positivo. No te estás cerrando ni huyendo de los demás, sino más bien abriéndote a ellos, escuchándote a ti mismo y respetando tus propias necesidades. Muchas personas plantearán la minimización del contacto como una suma cero: ser amable contigo mismo necesariamente significa ser descortés con los demás. Esto es mentira. No siempre es fácil cuidarnos a nosotros mismos y esperar el amor que nos merecemos, pero podemos intentarlo, aunque a los demás no les guste.

Lo importante a recordar al hacerte estas preguntas, es que siempre existen opciones. A veces puede que no haya muchas y otras veces quizás no nos gusten las opciones que tenemos. Pero como adultos responsables de nuestro propio bienestar, podemos elegir. La verdad es que hacer cumplir los límites es fácil. No es difícil saber que no nos gusta que nos maltraten. Entonces, ¿por qué es tan difícil gestionar los límites? Esto nos lleva a una pregunta final, quizás la más difícil:

Pregunta 5: ¿De qué manera estás permitiendo que violen tus límites?

Nunca tienes la culpa de que alguien te maltrate. Sin embargo, honestamente, muchas veces somos nosotros mismos, y no la otra persona, el mayor impedimento para salir de una situación tóxica. Aceptamos tácitamente su destrato hacia nuestros límites. Al permanecer, inconscientemente comunicamos que estamos de acuerdo con su desprecio hacia nosotros.

Tal vez tengamos miedo a ofender o a perder la relación, aunque sea una relación terrible. Tal vez supongamos que merecemos el maltrato y que ese tipo de relación es el único que existe. Tal vez no podamos soportar la idea de un conflicto o la posibilidad de no encontrar a otra persona que nos guste o se interese en nosotros. Es en este punto donde la distinción entre culparnos a nosotros mismos y ser responsables de cómo nos tratan los demás se vuelve fundamental. En definitiva, nadie puede maltratarnos sin nuestro permiso implícito. Si bien la falta de objeción no implica consentimiento, es una forma de escapar de la responsabilidad de nuestras vidas.

Esto no significa que debamos castigarnos y revolcarnos en la culpa, pero sí exige que nos hagamos responsables de lo que nos sucede. Una vez que la asumimos, la responsabilidad nos da poder para reconocer nuestra autonomía y ejercer control de nuestras relaciones.

En lugar de permitir que nuestros miedos nos dominen, debemos sacarlos a la luz, desmenuzarlos y desmantelarlos. ¿Cuáles son las creencias subyacentes? «No merezco ser bien tratado», «Las personas solo me amarán si me sacrifico por completo», «No puedo estar solo», «Mi deber es complacer a los demás todo el tiempo, de lo contrario no valgo nada», y así sucesivamente. ¿Realmente quieres que estas suposiciones (incorrectas todas) sedimenten en tu interior e impulsen todas tus decisiones? ¿O preferirías ser tu propio amigo y aliado, y actuar en tu beneficio, sabiendo que siempre has merecido la felicidad y el amor?

El hábito de los límites

Verificar el estado de tu identidad y autoestima, y el estado de tus relaciones no es algo que debas hacer solo una vez y nunca más. Los límites saludables surgen naturalmente como consecuencia de cómo nos sentimos con nosotros mismos. El trabajo del que hemos hablado en este libro tiene que ver con los límites, pero en esencia no se trata de cómo nos tratan los demás. Se trata de nuestras propias actitudes hacia nosotros mismos, cuánto nos amamos y nos respetamos, y cuán dispuestos estamos a cuidarnos, a darnos lo que necesitamos, a protegernos de lo que nos daña y a honrar nuestra propia voz.

Las dificultades en los límites con los demás apuntan a un problema más profundo de relación: el que tenemos con nosotros mismos. Si sabes con certeza que eres un ser humano con valores y derechos inviolables, te comportarás en consecuencia.

Cuando trabajamos en cuestiones de límites, podemos trabajar en diferentes niveles. Podemos mirar las situaciones individuales o las personas involucradas, y trabajar para manejarlas en un nivel superficial. También podemos ir más profundamente y preguntarnos con más atención cuáles son nuestros límites y cómo mejorarlos. Pero podemos ir todavía mucho más profundamente y trabajar al nivel de nuestra propia autoestima. Este es el trabajo que hacemos cuando liberamos esas creencias negativas y dañinas que nos dicen que somos inútiles e incapaces de amar.

Leyendo este libro, quizás hayas identificado algunas pistas para abordar tus propios problemas de límites en diferentes niveles. Puedes estar considerando tener una conversación franca con un amigo intrusivo, o comenzar un diario sobre los límites y trabajar en frases para usar para decir cortésmente «No». Podrías comenzar cada mañana con una oración que reafirme tu amor propio y tu derecho a ser respetado. Podrías iniciar cada día diciéndote a ti mismo: «Mi identidad y mis deseos importan».

Todas estas estrategias funcionan y se nutren mutuamente. Cuanto más logres afirmar tus límites en la práctica y en el mundo real, más seguro te sentirás y más fácil será establecer tus límites. Puedes programar ciclos virtuosos y saludables, dando la bienvenida a tu vida a aquellas personas que te tratan con amor y respeto, y despidiéndose gradualmente de quienes no lo hacen. Es un trabajo que no se puede apresurar ni fingir, y a menudo se presenta a los tropiezos. Es un trabajo que nadie puede hacer por ti y es el más importante que te haya tocado hacer.

Conclusiones

- Tu identidad y tu relación con los límites están inextricablemente vinculadas. Quienes tienen límites blandos suelen tener problemas porque no han reflexionado realmente sobre lo que quieren. Por otra parte, los límites rígidos son una señal de miedo e inseguridad en relación al mundo exterior y su potencial para causarnos dolor. Nuestra identidad sustenta nuestros valores, y nuestros valores son fundamentales para nuestros límites. Solo cultivando una conciencia de cuáles son nuestros valores podemos comenzar a construir límites saludables.

- Vivimos en un mundo donde todos tienen límites, sean fuertes o débiles. Por ello, no solo debemos ser conscientes de nuestros propios límites, sino también de los límites de quienes nos rodean. Alguien con límites demasiado rígidos podría terminar pasando por encima de los nuestros. Por lo mismo, si tenemos límites flexibles podríamos ser objeto de abuso por parte de quienes quieren controlarnos para su propio beneficio. Quien viola repetidamente nuestros límites a pesar de haber sido advertido, probablemente sea un abusador y debe ser tratado como tal.

- Expresarte en primera persona es una herramienta invaluable cuando se trata de comunicar tus límites a los demás. Esta forma de comunicación tiene como objetivo transmitir cómo nos hacen sentir determinadas acciones cometidas por otros. Si, por ejemplo, nos molesta que nuestro cónyuge no haga su parte de las tareas del hogar, podríamos decirle: «Yo me siento mal y despreciado cuando...».

- A veces, el hecho de comunicar tus límites a los demás no los persuadirá de que dejen de violarlos. En tal caso, podría ser útil hacernos algunas preguntas sobre la persona en cuestión: ¿Existe algún margen de maniobra con respecto a nuestros límites? ¿Puede identificarse algún patrón en la conducta de esa persona? ¿Esta persona está dispuesta a aceptar tus límites? ¿Tú mismo estás consintiendo o permitiendo de alguna manera la violación de tus límites? Considerar las respuestas a preguntas como estas puede ayudarte a determinar el curso de acción apropiado en caso de producirse una violación a tus límites.

Capítulo cinco: Construyendo límites ladrillo a ladrillo

El camino a hacia mejores límites implica un viaje de empoderamiento. Hemos dedicado un tiempo a comprender qué son y qué no son los límites, y a reconocer cuándo un límite funciona mal. Con suerte, ya has decidido que mereces tener mejores límites. Si bien esto es muy bueno, en algún momento tendrás que salir al mundo y mostrarte tal cual eres, como una persona diferente a como eras antes. Esto requiere coraje, paciencia y amor propio. ¡Y una buena estrategia! Planificarla te dará una sensación de control y dirección. Saber lo que quieres y cómo conseguirlo puede enfocar tu mente y darte fuerzas alcanzar tus convicciones, a pesar de cualquier rechazo que puedas recibir por parte de los demás.

Recuerda que lo externo refleja lo interno. Parte de sanar es fortalecer tu autoestima, refinar tu identidad y definir los valores que dan sentido y propósito a tu vida. En términos prácticos, trabajar en los límites consiste en tomarse el tiempo para trazar líneas claras y precisas a tu alrededor con intención firme. El mejor plan será el que tú mismo elabores y cumplas, porque estás convencido de tu valor y tus necesidades. Mientras tanto, evalúa si los siguientes pasos te inspiran a actuar con más empoderamiento y decisión.

Paso uno: Aclara tu interior

Esto no debería ser ninguna sorpresa. No puedes esperar que nadie sepa, y luego mucho menos respete, un límite que nunca comunicas. La gente no puede leer la mente. ¿Apelas a la agresión pasiva para insinuar tus límites sin indicarlos explícitamente? Tu primer paso es expresarte en voz alta y con claridad.

¿Has notado cómo un perro obedece a una persona, mientras que a otra no le presta ni siquiera atención? Esta última puede gritarle tanto como quiera y el perro apenas notará que le habla. Sin embargo, el perro obedece instantáneamente cuando la otra persona simplemente lo mira. ¿Por qué? Porque el perro no solo responde a las palabras, sino a la energía y la intención detrás de ellas. El perro puede percibir que una persona realmente no quiere decir lo que dice. Puede notar, en definitiva, lo que muchos humanos notan: un límite puede ser pronunciado sin ser expresado desde el espíritu, y no acarrear consecuencias por violarlo.

El primer paso es, como hemos explorado en los capítulos anteriores, alinearte contigo mismo. Los límites no son posibles sin una identidad fuerte y saludable, y una creencia genuina en tu autoestima y tus valores. Primero establece tus límites en tu cabeza. Olvídate de lo que otras personas te dicen y conéctate solo con lo que tú piensas y sientes que es correcto.

Segundo paso: Aclárate aún más

No es suficiente con saber que tienes problemas de límites. ¿Con qué tipo de límites tienes problemas? ¿Con quién y en qué contexto? ¿Qué tipo de problemas son estos y cuáles son sus causas?

Mientras más claridad tengas sobre ti mismo, más claros y definidos serán tus límites, y más posibilidades tendrás de que la gente los vea y los respete. Las personas con problemas de límites suelen dedicar poco tiempo a considerar sus propios deseos, pero es necesario que todo adulto autónomo se haga cargo de su bienestar físico, y sus necesidades mentales y emocionales.

Examina dónde tus límites necesitan establecerse o reforzarse (o, tal vez también, aflojarse). Puedes comenzar con las relaciones románticas y observar la dinámica con tu pareja. ¿Dónde hay problemas: en los límites sexuales, emocionales, mentales o económicos? ¿Es una mezcla de todo? Incluso las relaciones bien establecidas necesitan que se revisen sus viejos límites de vez en cuando.

Identifica tus factores decisivos y las áreas en las que puedes comprometerte. Está bien tener límites generales y abstractos, pero ¿puedes pensar en acciones prácticas y situaciones concretas donde aplicarlos? Cuanta más especificidad, mejor. Usa tus emociones e intuición para identificar las áreas en las que te siente inseguro, abrumado o invisible. Al tomar una decisión anticipada, debería resultar más fácil comunicarla a los demás.

Sostener discusiones francas con tu pareja implicará decirle, eventualmente, que deje de hacer tal o cual cosa, pero también dejar abierta la posibilidad de flexibilizar algunos límites dependiendo de la ocasión. No es tan importante la razón por la cual el otro hace algo, sino porqué tú se lo permites.

¿El problema es que tus límites no están maduros en tu mente, o que no sabes implementarlos? ¿Estás diciéndolos sin convicción? ¿Estás esperando inconscientemente que la otra persona traspase tus límites para demostrar que te ama o te necesita, y que está dispuesta a cuidarte por sobre todas las cosas? Éstas preguntas son engañosas. Observa con atención si tú o la otra persona están poniendo excusas para no respetar tus límites. Toma nota. Cuanto mejor puedas comprender todos los obstáculos que se interponen en tu camino, antes podrás comenzar a sortearlos.

Paso tres: Busca apoyo

A veces, en la difícil tarea de establecer límites, podemos sentir que el mundo es un lugar hostil y complicado. Parece que tenemos que construir muros para mantener alejados a los enemigos, ¡y hasta nos resulta muy difícil entender en quién confiar! Aunque el trabajo en los límites es una actividad necesariamente personal, no significa que no puedas encontrar apoyo en los demás.

Probar límites nuevos, incluso una nueva identidad, puede hacerte sentir expuesto y vulnerable. ¿Por qué no buscar apoyo mientras lo resuelves? Un miembro de la familia, un amigo o un profesional de confianza pueden ser un ancla en la que confiar. Puede llevar tiempo aprender a confiar en otro y a la vez respetar tu propio juicio, pero no hay nada de malo en apoyarse en los demás mientras lo resuelves.

Aunque establecer límites puede parecer una razón «indigna» para buscar ayuda, piensa en el tiempo, años o décadas, que has pasado luchando con tus problemas, tratando de abordarlos por tu cuenta y en solitario. Con la ayuda de otra persona, puedes acelerar enormemente el proceso de curación y vivir una vida más saludable.

Más importante aún, es posible que necesites un adecuado asesoramiento legal y financiero si tus límites se encuentran dentro de esta área. Existen leyes para proteger tus derechos y hay expertos en distintas áreas que pueden brindarte consejos neutrales y confiables. La policía puede garantizar tu seguridad física en lo inmediato, pero un hogar de refugio, una línea de ayuda, un trabajador social o una organización sin fines de lucro pueden brindarte los recursos necesarios para que no sentirte solo. Puede ser muy sanador compartir tus vulnerabilidades y objetivos con otras personas que respeten y honren tus límites.

Paso cuatro: Planifica tus movimientos

Algunos límites se establecen de forma sutil y no verbal. A medida que te vuelves más hábil con los límites, podrás establecerlo más naturalmente y desde el comienzo de tus relaciones, lo que significa que rara vez los verás violentados. Otros problemas de límites requerirán una conversación más directa, incómoda o difícil con la persona que los traspasó. Es normal sentirse culpable por esto. A muchos de nosotros se nos ha inculcado socialmente no molestar ni ofender a los demás, ¡aunque nos hayan hecho daño!

Puedes superarlo si te preparas cuidadosamente. Medita para entrar en sintonía con lo que sientes. Sé amable, paciente y tolerante contigo mismo. Trata de no acercarte a los demás en un estado de ira o miedo, esto rara vez te permitirá lograr lo que deseas. Del mismo modo, no lo tomes como algo personal (porque en realidad no lo es). Más bien, practica la calma. Dite a ti mismo: «Puedo hacerlo, tengo derecho a establecer mis límites», y confía en que hacerte valer no herirá ni ofenderá a los demás, y no tiene por qué hacerte sentir culpable. Si puedes hablar desde el corazón, será más fácil comunicarte con claridad y por consiguiente ser escuchado.

Del mismo modo, si está intentando aflojar límites demasiado rígidos, la perspectiva de confiar en los demás o permitirte ser vulnerable puede ser igualmente aterradora. Quizás hayas sostenido esos límites tanto tiempo que no puedes siquiera imaginar cómo sería no tener ese muro de protección a tu alrededor. En tal caso, es importante recordar que salir de tu zona de confort es la clave para vivir experiencias nuevas y enriquecedoras. Una planificación eficaz te ayudará a reducir la ansiedad que la situación te produzca.

Paso cinco: Comunícate correctamente

Lo mejor es conversar sobre los límites antes de que surja algún conflicto o malentendido. Sin embargo, si ya tienes una historia con alguien con quien has establecido unos límites deficientes o pobres, es posible que tengas que abordar el tema directamente. Ten en cuenta que las personas siempre se están comunicando unas con otras, solo que lo hacen de manera inconsciente y no verbal. Cuando las personas violan tus límites te están comunicando algo, y cuando permites esa violación también tú estás diciendo algo en respuesta. Piensa en la comunicación verbal consciente como una forma de que el diálogo inconsciente salga a la luz, un escenario donde puedes hablar abiertamente.

Utiliza afirmaciones en primera persona. Esto implica expresarse de la propia responsabilidad y autogestión. Por ejemplo, en lugar de decir: «Me haces sentir incómodo», más bien di: «Cuando hiciste eso, me sentí incómodo». Sé dueño de tu comportamiento y evita culpar a los demás. Recuerda que no estás intentando obtener nada de la otra persona, sino de comunicarle lo que harás y cómo lo harás.

Evita culpar, buscar arrepentimiento o disculpas y caer en el papel de víctima. Cíñete a tus propias necesidades, valores y deseos. Sé claro sobre lo que te gustaría de la otra persona en el futuro, pero exprésalo como lo que es: un deseo y no una orden. Usa un tono de voz y una postura que comuniquen confianza en ti mismo, y descarta usar lenguaje adornado y expresiones como «Si no te importa...», «Si te parece bien..." o "Realmente lo siento mucho, pero tal vez podrías, por favor...».

Es importante aceptar que la otra persona es libre de responder como quiera. Tu conversación puede tener consecuencias, incluso podría dar por terminada la relación. Pero, con suerte, ya habrás dedicado tiempo a descubrir y entender tus propias necesidades y valores, y sabrás que ya no está dispuesto a sostener una relación en la que no te respetan. No retrocedas ni te disculpes.

Mantén la cabeza en alto y habla sobre tus necesidades con franqueza y madurez, sin avergonzarte. Si demuestras que tus necesidades son importantes para ti, es más probable que los demás también las consideren importantes. Del mismo modo, si sienten que pueden salirse con la suya, invariablemente intentarán hacerlo.

Sin embargo, prepárate para la resistencia. Muchas personas sentirán que los estás atacando o criticando. Estás cambiando voluntariamente los términos de tu relación con ellas, así que dales tiempo para procesar y responder, sin apresurarte a disculparte. Es natural que se sientan decepcionados. Y estará bien si no entienden o no están de acuerdo. Ninguna de estas cosas es necesaria para que tú te mantengas firme.

A veces, lo más difícil viene después, cuando te enfrentas a alguien que vuelve a poner a prueba tus límites. Esto puede deberse a diversas razones, como ejercer el control, imponer sus propias necesidades o por simple falta de respeto. No lo toleres. Sigue el camino que ha decidido tomar, y exprésate con firmeza, claridad y calma. «Les he pedido insistentemente que por favor no fumes cerca de mí y de mi bebé.

Como no puedes respetar ese límite, tendré que alejarme de esta relación».

Algunas otras frases con las que podrías experimentar son:

«Si continúas gritándome y agraviándome, daré por terminada esta conversación».

«Me encanta ayudar, pero ya no podré cuidar a tus niños los fines de semana» (esto dicho sin excusas, explicaciones ni disculpas, y sin necesidad de resolverle el problema de hallar otra persona que cuide de los niños).

«Lamento que estés pasando por un momento difícil, pero no soy la persona adecuada para ayudarte».

«Agradezco que me hayas invitado, pero me excusaré de ir».

«Por favor, no vuelvas a hacer eso, me incomoda».

«Muy amable, gracias. Pero no» (dicho para rechazar ofrecimientos de comida, alcohol o regalos inapropiados).

«No» (¡esto es perfecto por sí solo!).

Cuando elijas cómo expresarlo, asegúrate de incluir un pedido, una intención o un límite real. Expresa cómo te sientes, cómo te afectan las acciones de la otra persona y, si es oportuno, explica tus valores y deseos respecto de la situación. Debes indicar con precisión lo que quieres y lo que no quieres que suceda. Establece claramente cuáles serán las consecuencias, de lo contrario, correrás el riesgo de estar simplemente desahogándote o presentando una queja, dejando claro a la otra persona que no estás satisfecho, pero confundiéndola sobre qué significa eso realmente.

La gente puede intentar hacerte sentir culpable, pero recuerda que no te obligarán a nada y que tú no obligarás a nadie a nada. Estás estableciendo las condiciones razonables para tener una relación contigo. Si una persona demuestra no estar dispuesta a respetarlas, entonces será ella quien habrá dado por terminada la relación y no tú.

Cuanto más fuerte sea la resistencia a un límite saludable, más evidente será que ese límite resultaba necesario. Defiende tu postura. Las consecuencias de establecer límites más fuertes, en especial si tienes antecedentes de haber sido siempre complaciente, pueden ser significativas. Pero trata de recordar que las relaciones que puedas perder serán aquellas que fueron irrespetuosas contigo. Si lo piensa de esta manera, no habrás perdido nada realmente valioso. ¡El amor y apoyo que tenías antes de dejar a un amigo irrespetuoso será la misma que obtendrás después de dejarlo!

Paso seis: Sigue adelante

Hiciste un pedido. Has notificado a la otra persona. ¿Ahora qué? Una vez que hayas comunicado un límite, haz una pausa y evalúa cómo te fue. ¿Seguiste tu estrategia? ¿Qué tan bien funcionó y en qué puede mejorar la próxima vez? Lo mejor de establecer límites es que se vuelve más fácil a medida que se practica. Si bien puede resultar amenazante al principio, pronto experimentarás el poder mágico del «No» como una herramienta maravillosamente liberadora. Reduce tu ansiedad, te da poder y enfoca las cosas que de verdad importan, mientras impide que lo dañino o irrelevante desvíe tu atención.

En el futuro, presta atención desde el principio a las pequeñas violaciones de límites, antes de que se conviertan en grandes. ¡Así es mucho más fácil! Del mismo modo, es posible que quieras comenzar con un límite relativamente estricto y con margen de negociación, en lugar de un límite que implica un gran compromiso para ti, especialmente si tienes antecedentes de ceder bajo presión. Si puedes controlar tus nervios y confiar en tu juicio, negándote a ser presionado o intimidado, sucederá algo maravilloso: comenzarás a darte cuenta de que tú tienes el control de lo que te sucede. Puedes decidir qué y a quién permitir en tu mundo. Disfrute de este sentimiento cuando surja. Es la satisfacción de saber que estás viviendo con integridad y respeto por tus valores. ¡Bien hecho!

Para algunas personas, establecer un límite y asumir sus consecuencias puede resultar revelador e inédito, algo que nunca hicieron antes. Cuando puedas darte cuenta de esto y comprendas tu poder, la próxima vez será mucho más fácil, hasta que, finalmente, te resultará algo natural. Con el tiempo, restaurarás tu capacidad innata de proteger, conservar y amar quién eres.

Errores comunes

La mayoría de los pasos y consejos que hemos mencionado hasta aquí, se caracterizan por lo siguiente: se centran ti, en tus deseos y en tus límites, en lugar de centrarse en los demás, y en lo que otros necesitan o pretenden de ti. Los complacientes crónicos no están acostumbrados a poner atención en sí mismos, pero deben hacerlo si quieren sanar sus límites rotos.

A veces, el intento de establecer un límite puede fallar. Te puedes sentir culpable y dar marcha atrás, disculpándote por haber agitado las aguas. Tal vez te dejes intimidar y vuelvas sobre tus pasos porque te da menos miedo que mantenerte firme. O tal vez sostengas tu límite con la promesa de «compensarlo» de algún modo más adelante, por el solo hecho de haber dicho «No».

Se necesita tiempo para construir límites adecuados. Intenta ser paciente contigo mismo. Si no funcionó como esperabas, pregúntate pacientemente por qué, y vuelve a intentarlo. Todo crecimiento requiere paciencia y coraje.

A continuación, los errores más comunes de quienes buscan establecer límites saludables, y cómo evitarlos:

Error 1: No eres firme, sino agresivo

¿Alguna vez has reprimido tu enojo a tal punto de dejar en shock a alguien por tu repentino ataque de ira? Si bien es comprensible, esta no es una forma responsable de establecer límites. Nunca debes ser cruel ni hiriente para establecer un límite. De hecho, si parece que en vez de establecer un límite estás atacando, es menos probable que te tomen en serio. Si estás molesto o enojado, espera calmarte antes de tener cualquier conversación.

Aunque es natural estar enojado cuando alguien viola tus límites, especialmente si sucede con frecuencia, una buena manera de atenuar la agresión es no suponer maldad por parte del infractor, pues existe la posibilidad de que desconozcas su historia personal.

Por supuesto, algunos narcisistas y abusadores pueden lastimarte a propósito, pero ser agresivo no te ayudará a lograr tu objetivo. Usa un tono firme cuando sea necesario, pero no grites ni agravies.

Error 2: Te centras en las emociones ajenas y no en las tuyas

Repítete a ti mismo tantas veces como sea necesario: no eres responsable de las emociones de los demás. Al establecer un límite, mantén el enfoque en tus emociones y necesidades, pues ellas son lo único de lo que realmente puedes responsabilizarte. No tienes que ocuparte de la decepción de los otros, disculparte con ellos, sentirse mal por haberlos molestado ni cosas por el estilo.

No tienes que retorcerte de dolor ni remordimiento; admite su límite y exprésalo sin drama ni contrición. La forma en que la otra persona responda es asunto suyo. Por supuesto, puedes decir «Lamento que te sienta así» o «Veo que esto no te pone contento», pero detente allí. No es necesario que te apresures a calmarlos o a resolver sus problemas, ni que sientas culpa.

Error 3: Tienes un pobre sentido de la oportunidad

La falta de sentido de la oportunidad puede arruinar las cosas, aunque hagas todo los demás correctamente. Puedes usar el tono, la postura y las palabras correctas, y hablar adecuadamente en primera persona, pero es imperativo que sepas elegir el momento oportuno para transmitir tus frustraciones.

Nuevamente, lo importante aquí es planificar. Si bien es una buena idea defender un límite en el momento mismo en que este es traspasado, es mejor establecer los límites de manera preventiva, cuando estás calmado y receptivo. Elije un momento en el que ambas partes puedan hablar en privado, sin prisas, con calma y firmeza.

También podría ser bueno darle a la otra persona la oportunidad de decidir el momento de la conversación. Solo acércate, y transmítele que necesitas hablar y que agradecerías que te informaran cuándo podrían hacerlo. Esto les dará una sensación de control sobre la situación que no tienen cuando no se les anticipa o notifica adecuadamente.

Esto les indicará claramente a ambas partes que el tema de conversación es de carácter serio, dándoles el tiempo y el espacio para prepararse mentalmente.

Una vez que hayas expresado tu intención, está bien dejar que la otra persona la procese a su propio ritmo. Si no hay necesidad de tener un diálogo prolongado y con angustia, no lo hagas. Las personas pueden reaccionar negativamente a las críticas recibidas, pero luego darse cuenta de su error. Dales tiempo para corregir cualquier error que puedan cometer durante la conversación.

Error 4: Exageras el drama

Toda esto de planificación una conversación puede parecer demasiado serio. Pero en verdad, se trata de prepararte mentalmente para navegar por un territorio en el que puedes llegar a sentirte incómodo. En la vida cotidiana, la mayoría de los conflictos y desacuerdos pueden resolverse de forma simple y directa. No hay necesidad de sostener conversaciones exageradas y angustiosas que se prolongan en el tiempo.

Si tu intención es clara, deberías poder comunicarla con eficacia y en muy poco tiempo. Cíñete al punto y sé conciso. Evita diluir el mensaje añadiendo detalles o explicaciones. La otra persona no necesita conocer todo tu viaje emocional hacia la autoestima, por qué has llegado a este límite en particular, ni tus percepciones sobre tu infancia. Lo único que necesitas hacer es comunicarle tu límite, y un buen límite es corto y claro.

Si no estás seguro de cómo expresarte con corrección, no pierdas demasiado tiempo preocupándote por ello. Esto solo aumentará la probabilidad de que no logres tu objetivo y dejes que el problema se agrave por más tiempo hasta sentirte listo para objetarlo de manera apropiada más adelante. Si alguien te hace daño, es recomendable que no tardes demasiado en hablar con él. Puedes simplemente expresar tu límite en primera persona sobre cómo te hizo sentir su violación, para transmitir tu mensaje de manera oportuna.

Error 5: Te cierras a dialogar

Un límite no tiene por qué ser duro o mezquino. Establecer un límite no significa que cerrar la conversación, terminar la relación o sacar conclusiones finales (a menos que sí lo estés haciendo, en cuyo caso deberás explicitarlo).

Si tus límites están intactos y claros, está bien hablar. Quizás quieran darte su versión de los hechos, disculparse contigo, aclarar o hacerte preguntas.

Da la bienvenida a este diálogo si percibes que las intenciones son buenas. Si bien es cierto que no le debes una explicación a nadie, es muy útil demostrar que estás abierto al diálogo. En cambio, ten cuidado si sospechas que puedes estar siendo manipulado. Pero aquellas personas que hayan violado un límite sin querer, pueden tener intenciones de discutir cómo sucedió, defenderse e incluso compartir algunas de sus propias preocupaciones. Los límites no están para cerrar las relaciones, sino para propiciar relaciones mejores.

Demuestra buena fe hablando honestamente sobre cómo te gustaría que cambiara la dinámica. Dicho esto, si estás tratando con una persona realmente egoísta que no tiene la mínima intención de ver las cosas desde tu punto de vista, recuerda que cuentas con otra opción: irte, para siempre.

Cómo tratar con infractores reincidentes

Las buenas personas aceptarán y respetarán con gusto con tus límites. Incluso hasta pueden celebrarlos, contentos de que te estés cuidando. ¿Y las malas personas? Pues, no tanto. Es una habilidad establecer límites en un mundo de demandas e intrusiones, y es un verdadero arte si has tenido la desgracia de tratar con alguien que se niega a tomar en consideración tu autonomía y bienestar.

Sabemos que tenemos que defender nuestro territorio y expresarnos con firmeza, pero no siempre sabemos cómo lo tomarán los demás, especialmente aquellas personas explotadoras que no desaparecerán mágicamente solo porque nosotros comenzamos a amarnos más a nosotros mismos.

La gente común puede traspasar nuestros límites sin querer (como podríamos hacerlo nosotros), pero en general responderá bien cuando se lo aclaremos. Aquí hablaremos de aquellas personas que no responden bien y que no respetan los límites. Lamentablemente, no hay trucos mágicos para desterrar a estas personas de tu vida. Por el contrario, deberás protegerte utilizando las mismas técnicas y principios que hemos explorado hasta aquí, excepto que para las personas verdaderamente tóxicas los límites firmes son especialmente importantes. ¡Agradece a la vida por, en su sabiduría infinita, enviarte personas desafiantes que te obligan a profundizar y establecer límites sólidos como piedra.

Lo que sucede antes y después de establecer un límite es tanto o más importante: ¿practicas el cuidado personal con regularidad? ¿Estás trabajando por un amor propio saludable, reconociendo y ocupándote de tus propias necesidades? Comer, dormir bien y hacer ejercicio fortalece el sistema inmunológico emocional y espiritual frente a los ataques. Por lo tanto, mantente en óptimas condiciones. Lleva un diario, pide ayuda y reconsidera tus límites, necesidades y valores. Di «No» sin sentirte culpable. Finalmente, ten claro que recibirás resistencia por parte de algunas personas. Comprende de qué se trata esta resistencia y no permitas que te derribe.

Cuando alguien se resista a respetar tu límite, piensa que esa persona está diciéndote, básicamente: «No estoy de acuerdo en que merezcas un mejor trato que el que estoy dispuesto a darte». Piénsalo. Aunque usen cualquier tipo de tácticas de manipulación para distraerte y confundirte, el mensaje subyacente es siempre el mismo. Has solicitado ser respetado, y la otra persona te ha dicho «No».

La forma en que respondas a cada infractor en cada circunstancia variará. Pero hagas lo que hagas, debe ser una afirmación de tu derecho a tener límites, de acuerdo a tu convicción en tu autoestima. Las personas pueden rechazar tus límites de mil formas diferentes, pero no es necesario que intentes entender los detalles de su rechazo, sólo observa su existencia.

Es posible que esas personas no escuchen ni se tomen el tiempo para entender lo que les estás diciendo. Pueden asumir una actitud defensiva y pensar que los estás atacando, iniciando de esto modo una pelea o echándote la culpa (por lo general, esto se debe a que ellos mismos se sienten culpables e inconscientemente saben que están equivocados). Quizás den vuelta las cosas y te tilden de difícil, quisquilloso o demasiado sensible. Pueden intentar hacerte sentir mal por ser injusto con ellos (es decir, retener algo a lo que se sienten con derecho) o insinuar que estás siendo egoísta o poco realista. Pueden escenificar una gran representación de lo tristes o incómodos o que se sienten con tu límite, jugar un papel de víctimas o actuar como si estuvieran ofendidos, sin embargo, si tú cedieras, ya verías cuán rápido se desvanecería esa actitud. Pueden negar haber hecho algo mal, lo que implica que su evaluación de la situación es incorrecta. Pueden afirmar que la situación nunca sucedió. Pueden volverse pasivo-agresivos y retirarse diciendo «Bien...», dejándote con la pregunta de qué venganza urdirán más tarde. Incluso pueden amenazar con apelar a la superioridad, como llamar a la policía, decírselo a tu jefe, contárselo a tu madre o cuestionar tu fe, tu inteligencia, tu cordura o tu valía como ser humano.

Aquí está el secreto: nada de eso importa. Las formas de resistencia adquirirán la forma que necesiten adquirir con el objetivo de intentar convencerte de hacer algo que ellos quieren que hagas. Esa es su función y no tiene nada que ver contigo. No te dejes enredar con su intento de manipulación. No es necesario que lo comprendas. Al establecer un límite, no te hace instantáneamente responsable de la vida de esa persona. Intenta leer la resistencia entrelíneas y verás el mismo viejo mensaje una y otra vez: «No estoy de acuerdo en que merezcas un mejor trato del que estoy dispuesto a darte». Responde a este mensaje y ninguna de las tácticas de manipulación funcionará.

Consejos para establecer límites no negociables con personas tóxicas

- Ten en cuenta que quizás debas decir «No» más de una vez. Esto no significa que estés haciendo algo mal. Es posible que debas mantener y defender constantemente tus límites con ciertas personas. Sin embargo, si te siente agotado por tener que imponer límites con alguien y las repetidas advertencias no funcionan, podría ser mejor alejarse de la relación.

- Prepárate y anticípate a la resistencia. Si sabes de antemano cómo responderá la otra persona, iniciarás cualquier interacción más concentrado y empoderado.

- Siempre está bien abandonar físicamente una situación en la que te sientas amenazado. No te preocupes por parecer maleducado o descortés, simplemente vete.

- Rechaza las invitaciones, rehúsate a responder llamadas o simplemente aléjate si te enfrentas a alguien que te presiona repetidamente. Y si una tercera persona te presiona para ceder a la presión, quizás debas considerar la posibilidad de distanciarte también de ella.

- Reduce el contacto al mínimo o córtalo por completo, si es posible. Cambia los números de teléfono, elige una ruta diferente para evitar encontrarte con ellos o bloquéalos en tus redes sociales.

- No tienes que explicar por qué estás dando ese paso, solo hazlo. Descarta la esperanza secreta de que, al alejarse, la otra persona correrá hacia ti nuevamente. Es poco probable que de repente la otra persona se preocupe por tus necesidades, y si fuera del tipo que necesita la amenaza para tratarte bien, entonces esto servirá para saber todo lo que necesitabas saber.

- Si se trata de una situación abusiva o peligrosa, asegúrate de que los demás estén al tanto de lo que está sucediendo, documenta lo que puedas y busca consejo y apoyo de otras personas que estén dispuestas a ayudarte.

- Si el agresor es un miembro de la familia, un colega o alguien a quien no puedes evitar fácilmente, prueba la estrategia de la «piedra gris»: aunque estés presente físicamente, desconéctate emocionalmente y sé como una piedra gris, es decir, algo imposible de manipular. Da respuestas aburridas, no muerdas el anzuelo de dramatizar ni discutir, evita el contacto visual y haz lo más breve posible cualquier interacción necesaria. No te alimente de la manipulación. Di «Ajá» y cambia tu atención. Sostén un trato educado, neutral, aburrido e impersonal. ¡Cuanto menos interesante sea tu comportamiento, menos material tendrá para trabajar el narcisista, el abusador o el violador de límites.

Cuando las personas rompen repetidamente tus límites y expresan con claridad que no tienen intención de respetarlos, créeles. No es que haya habido algún problema de comunicación, simplemente no les importa. No tienes que ser amable. Más bien, trata a todo aquel que tenga una tendencia a ignorar tus límites como lo harías con cualquiera que te insulte: ignóralo y aléjate lo más rápido posible.

En situaciones que superan el ámbito de los límites y tienen que ver con el abuso, es necesario profundizar más. Tus límites te protegerán, pero también necesitarás otros tipos de barreras, como legales o financieras. Busca ayuda en refugios, profesionales de la salud, trabajadores sociales, familiares de confianza o amigos. No tengas miedo de hablar y decir lo que te está pasando.

El abuso puede llevar a algunas personas a examinarse a sí mismas, y así descubrir lo que no están dispuestas a tolerar más. Aunque doloroso, este puede ser un momento de empoderamiento y esclarecimiento. Si estás tratando de librarte de una situación abusiva, usa el enojo y el dolor que sientas para protegerte. Por difícil que parezca en el momento, ¡puedes salir y superarlo!

Conclusiones

- Crear y sostener límites saludables no se puede lograr de la noche a la mañana. Los viejos hábitos tardan en morir y debemos trabajar para construir límites con los que nos sintamos cómodos. Aunque depende completamente de nosotros entender lo que consideramos un límite, existen pasos que podemos seguir para simplificar el proceso.

- Para empezar, es fundamental tener claridad sobre cuáles son nuestros límites. Necesitamos definir por nosotros mismos cuáles son los límites estrictos cuya violación no estamos dispuestos a tolerar y cuáles los límites más flexibles en los que podríamos estar dispuestos a ceder de vez en cuando. Examina tus relaciones o amistades actuales, e identifica los límites que necesitas fortalecer o modificar. Ordénalos por categoría e identifica la causa del mal estado de los límites en cada relación. Luego de haber hecho esto, comunica tus límites respetuosamente expresándote en primera persona y defiende tu postura cuando encuentres resistencia. Si necesitas ayuda, busca el apoyo de un profesional.

- Está claro que podemos cometer errores en nuestro intento de establecer límites saludables, pero conocer algunos de los más comunes puede ayudarte a evitarlos.

Estos incluyen ser agresivo, no tener sentido de la oportunidad, estar demasiado preocupado por las reacciones de los demás y sostener conversaciones interminables. Recuerda que lo que necesitas hacer es comunicarte en primera persona.

- Desafortunadamente, algunas personas seguirán sin respetar tus límites a pesar de haberles advertido repetidamente. En tales casos, quizás debas cortar el contacto, ya sea de forma temporal o permanente, incluso si se trata de personas a las que valoras y amas. Al negarse a respetar tus límites, esencialmente te están diciendo que tu bienestar no les importa. Por lo mismo, no son esas personas las que te convenga tener en tu vida, y dejarlas ir puede ser la mejor opción.

Capítulo seis: No es tu turno

A lo largo de este libro, hemos repasado las formas en que los límites pueden ser demasiado débiles o porosos. También hemos visto que los problemas con este tipo de límites a menudo provienen de experiencias vividas durante la primera infancia, donde suelen inculcarse creencias erróneas sobre cómo es saludable amar, conectar, comunicar y relacionarse con los demás.

Pero también hemos visto que nadie es una isla y que los problemas de límites son una cuestión relacional vinculada al modo en que nos comportamos con los demás. En otras palabras: se necesitan dos para bailar el tango. Bien puede que seas un complacedor crónico con un sentido de autonomía constantemente invadido por los demás, aunque es mucho más probable que exista toda una red compleja de límites mal adoptados y que tu problema de límites te supere. Piensa en el límite entre la arena y el agua en la costa: ¿es el comienzo de la playa o el final del mar? ¿Se puede cambiar un límite sin afectar a otros?

Los humanos somos seres sociales y construimos buena parte de nuestra identidad en base a las de los demás. Compartimos límites y, al igual que la costa, estas líneas pueden cambiar con el tiempo de acuerdo a las necesidades de las partes. A medida que tomas consciencia de tus límites y comprendes mejor tus propias necesidades, puedes entender de manera más matizada tu lugar en el mundo y en el gran tejido de conexiones humanas.

En las relaciones familiares disfuncionales, puede ser difícil determinar a quién pertenece cada dolor o quién es responsable de qué. Las líneas están borrosas. Sin embargo, a medida que mejoras esto, no solo trabajas en tu propia identidad y tus propios valores, sino que al mismo tiempo trabajas en las relaciones que sostienes quienes compartes esos límite. Cambiar los términos del compromiso facilita la conexión con las personas adecuadas y deja menos espacio para las personas equivocadas.

Algo que suele pasarse por alto es darle la vuelta al problema y preguntarse desde el otro lado del límite: ¿has violado alguna vez los límites de otras personas? Todos estamos dispuestos a quejarnos cuando somos agredidos, pero pocas veces nos detenemos a preguntarnos si estamos perjudicando a los demás. Una madre puede comportarse de manera asfixiante, por ejemplo, inmiscuyéndose en todos sus asuntos y diciendo: «No puedes mudarte. ¿Quién me cuidará?» para culparlo de su creciente independencia. Pero, al mismo tiempo, el joven puede estar aprovechándose económicamente de su madre, consciente o inconscientemente. Hay muchas violaciones de límites en ambos sentidos. Tanto la madre como el hijo no han logrado establecer límites adultos y saludables, ni asumir la responsabilidad de sí mismos, pero al mismo tiempo, ambos se están entrometiendo perjudicialmente en el mundo del otro.

En la vida real, las cosas son más complicadas, y rara vez se trata de un villano y una víctima. A veces, la víctima es cómplice de su victimización y, de hecho, la primera en victimizarse. A veces, la víctima y el villano intercambian roles sin cesar. A veces, la víctima lo es en un contexto, mientras que en otro contexto se vuelve villano. En otras palabras, si tienes problemas con personas que rompen sus límites, es posible que también tengas problemas respetando los límites de esas personas.

Naturalmente, no nos gusta pensar en nosotros mismos como egoístas que rompen límites ajenos, pero hay muchas formas sutiles de violar un límite sin darnos cuenta:

- Abrazando a alguien que no quiere que lo abracen. Tú piensas que es un gesto dulce y lindo, pero la otra persona puede sentirse invadida.

- Dando consejos que nadie te pidió.

- Revelando el secreto de otra persona que confió en ti para guardarlo. Esto viola los límites de dos personas a la vez.

- Quitándole tiempo a las personas permaneciendo en su casa más de lo debido, extendiendo las conversaciones cuando el interlocutor está ocupado, llamando tarde por la noche, etc. Por otro lado, llegar tarde o cancelar una cita a última hora tiene un efecto similar.

- Compartiendo demasiado detalles de tu vida sin pensar en si a la otra persona le interesa conocerlos. Compartir detalles personales e íntimos puede parecer que te estás «abriendo» y siendo sincero, pero también puede poner a la otra persona en un aprieto.

- Siendo chismoso.

- Interrumpiendo a la gente cuando habla.

- Apresurándote a resolver el problema de alguien sin preguntar si es lo que quieren.

- Imponiéndole a alguien ser parte de tu proceso de sanación.

- Siendo condescendiente o actuando como si tu visión del mundo fuese la única correcta, «explicándole» todo a los demás u ofreciendo una ayuda que en realidad es un insulto («Veo que te has cortado el pelo... ¡Deberías haberme pedido el número de mi peluquero!»).

Como puedes ver, se pueden traspasar los límites sin necesidad de ser un energúmeno abusivo, o de insultar o lastimar a alguien de manera obvia. Probablemente todos hayamos sobrepasado un límite en algún momento. Parte de aprender acerca de nuestros propios límites implica ser más sensibles y capaces de detectar los límites de los demás. El respeto es algo recíproco: cuanto más nos respetamos a nosotros mismos, más fácil nos resulta respetar a los demás.

Cuando consideras a los demás, comienzas a tener una imagen tridimensional de por qué los límites son tan importantes: nos ayudan a mantenernos conectados unos con otros de manera óptima, apoyándonos unos a otros, pero también manteniéndonos lo suficientemente separados como para conservar nuestra autonomía, nuestro libre albedrío, y nuestra propia y singular identidad.

Negociar límites lleva toda la vida, pero siempre es un acto de equilibrio entre tus límites y los de los demás (sí, los demás tienen derecho como tú a tener sus límites). Es un equilibrio entre la autoestima y el respeto por los demás, entre tus necesidades y las suyas. Es una danza constante entre uno mismo y el otro, entre dar y recibir. Si lo manejamos bien, llegaremos a ser individuos realizados y autónomos, y disfrutaremos de la cercanía e intimidad con los demás. Si lo hacemos mal, no disfrutaremos de nada de esto.

El respeto y el reconocimiento mutuo es como comprender que la costa pertenece tanto al mar como a la playa. Siempre hay formas de que las personas conscientes y receptivas satisfagan juntas sus diferentes necesidades. Un límite saludable es el que te ayuda a encontrar ese camino.

Los límites no son para uno o para el otro. Si solo una persona se beneficia, no es un buen límite. Más bien, los buenos límites son para uno y para el otro.

Tú importas y ellos importan.

Tú tienes necesidades y ellos tienen necesidades.

Tú obtienes lo que quieres y ellos obtienen lo que quieren.

Quieres estar cerca de los demás y a la vez ser independiente.

Priorizar cuidadosamente a los demás

- Recuerda, no existe un libro de reglas. Si alguien establece un límite, acéptalo. No es necesario que lo apruebes, lo comprendas, lo respaldes o lo asumas como si fuera tuyo. Es de otro. Interésate por saber qué significa su límite para él, en lugar de intentar comprobar si es «correcto» o si tiene permitido tenerlo.

- Respeta la singularidad. Cada persona tiene ideas, pensamientos, anhelos, miedos, creencias y valores diferentes, y estos no constituyen una amenaza ti.

- Aprende a escuchar. Olvídate de ti mismo por un momento y siente curiosidad por saber cómo es ser la otra persona: no veas su mundo a través de tus ojos, mira su mundo a través de sus ojos. ¿Cuáles son sus necesidades? ¿Qué valora y por qué?

- No supongas. Las percepciones, preferencias e interpretaciones de otras personas pueden ser muy diferentes a las tuyas. No están mal, solo son diferentes. ¿Puedes entender esta diferencia en lugar de intentar controlarla?

- Presta atención a las señales verbales y no verbales. Sé precavido, pide permiso o espera a que te inviten a acercarte. El lenguaje corporal sutil, así como los cambios en la voz y el contacto visual, pueden hacerte saber si tus avances son bienvenidos o no.

- Ten en cuenta que las personas pueden tener experiencias o antecedentes culturales muy diferentes (piensa en las personas con autismo, dificultades en el lenguaje, trastornos de aprendizaje o desarrollo o problemas de salud mental). Sé especialmente sensible, pues no puedes suponer lo que será bienvenido y lo que no lo será. En caso de duda, pregunta respetuosamente.

Si te encuentras traspasando límites ajenos con demasiada frecuencia, intenta comprender qué es lo que te impulsa a hacerlo. ¿Tienes una necesidad incontrolable de «ayudar» a los demás? Considera si se trata de un problema de autocontrol, que en sí mismo no es más que miedo.

Las personas que invaden los límites de los demás pueden tener ideas sobre la intimidad y sobre cómo ganarse el amor, el respeto o la atención de los demás. Quizás hayas crecido en un hogar donde con frecuencia se te culpaba por los problemas de otras personas, ¡pero también disfrutabas del dudoso privilegio de poder culparlos por los suyos! Esto puede haberte convencido de que una relación amorosa es un intercambio comercial, o de que dos personas deben considerarse mutuamente como rehenes: «Te permito que me uses si puedo usarte». Si esto te resulta familiar, es posible que debas trabajar en cómo encontrar intimidad sin dejar de respetar su individualidad.

A medida que aprendas a decir «No», es posible que te sienta cada vez más cómodo con que otras personas hagan lo mismo. Esto no solo no amenaza la cercanía, sino que, de hecho, la fortalece.

El indicador de una buena relación es cuando ambos se sienten cómodos expresando cualquier problema que puedan tener entre sí y pueden esperar una solución pacífica para ese problema. Está bien ceder un poco para encontrar ese equilibrio saludable entre tus necesidades y las de otra persona; en todas las relaciones se da y se recibe. Pero asegúrate de que eso esté realmente equilibrado, es decir, que puedas brindar ayuda cuando te sea solicitada, y que puedas recibirla cuando la requieras. Puedes exigir respeto, pero también saber darlo. Tienes derecho a que las personas respeten tus límites y también estás feliz de honrar los límites de los demás.

Los límites saludables no son algo que agregamos a una vida terminada y completa, como construir una cerca alrededor del parque. Más bien, los límites surgen de forma natural y orgánica a partir de cómo somos y de las creencias que tenemos sobre nosotros mismos. Son una expresión de todo lo que somos. Nuestros límites son las herramientas que usamos para negociar relaciones significativas y respetuosas con los demás; cuando nuestras relaciones externas no son saludables, es porque las internas tampoco lo son.

Cuando sanamos nuestros límites, realmente estamos sanando nuestra identidad y nuestro propio sentido de autoestima. Estamos indagando para comprender qué podemos dar a este mundo y qué nos gustaría recibir de él. Si este equilibrio es saludable, podemos prepararnos para vivir con felicidad. Tanto en nuestro interior como en nuestra relación con los demás, podemos tomar medidas para que las líneas entre nosotros y el mundo sean más claras, conscientes y capaces de servir a nuestras necesidades únicas.

El límite perfecto es una paradoja: al conocernos a nosotros mismos nos permitimos conocer más profundamente a los demás; al fortalecer y defender nuestra singularidad, más confiamos en los demás; al ponernos a nosotros mismos en primer lugar, entendemos lo que significa ser desinteresado. Al trazar una línea clara entre dos elementos, hacemos que sea mucho más fácil para esos dos elementos estar juntos.

Vivir una vida con límites saludables requiere toda una vida de trabajo porque constantemente estamos aprendiendo sobre nosotros mismos y sobre los demás. También cambiamos como personas, priorizamos cosas diferentes a lo largo del tiempo, e incorporamos nuevas y mejores formas de comunicarnos en nuestras interacciones sociales.

Reconocer que tienes el control de la mayoría, sino de todas, las consecuencias de lo que experimentas en el día a día, es una tarea monumental para quien nunca lo ha hecho. Sin embargo, una vez que aprendemos cómo establecer y hacer cumplir nuestros límites, nos sentimos verdaderamente libres para escribir nuestro destino y construir nuestra por nosotros mismos.

Conclusiones

- Hasta aquí, nos habíamos centrado principalmente en cómo otros traspasan o pueden traspasar nuestros límites. Sin embargo, también nosotros traspasamos los límites de los demás. Esto no necesariamente nos convierte en personas malas o tóxicas, pero ayuda a reconocer nuestros patrones de comportamiento defectuoso para solucionarlos y construir relaciones más sanas. Puede resultarnos difícil detectar nuestros propios errores, pero algunos ejemplos de cómo traspasamos los límites de los demás pueden ser participando en chismes, llegando tarde a una reunión, revelando secretos que nos comprometimos a guardar, etc.

- Hay varias cosas que podemos hacer para mejorarnos a nosotros mismos en caso de descubrir que no nos hemos comportado correctamente con los demás. El primer paso y el más importante es escuchar y aceptar cuando alguien nos marca algún error que hayamos cometido. Así como nosotros somos libres de tener límites basados en nuestros valores y deseos, los demás también lo son. No existe un límite correcto o incorrecto, y debemos acomodarnos a los demás sin juzgar. En casos de que existan profundas diferencias culturales, es importante recordar que la otra persona proviene de un entorno completamente diferente, con experiencias singulares distintas a las nuestras. En general, vale la pena ser compasivo y estar dispuesto a hablar con los demás.

- En última instancia, mantener límites saludables es una tarea en la que debemos perseverar a lo largo de nuestras vidas. A medida que descubrimos nuevas y mejores formas de comunicarnos, identificamos nuevos valores y prioridades, y nos relacionamos con diferentes grupos de personas, debemos adaptar la manera de hacer cumplir nuestros límites. Aunque mantener límites saludables a veces puede conllevar conflictos y malestar, los muchos beneficios superan grandemente estos inconvenientes menores.

Guía resumida

Capítulo 1. <u>La línea en la arena</u>

- Un límite es una línea entre nosotros como individuos y el resto del mundo. Dentro de este límite se encuentra todo lo relacionado con nuestra persona, todo aquello que es importante para nosotros y lo que está bajo nuestro control. Fuera de eso, está todo lo demás.

- En nuestras interacciones sociales, nuestros límites definen con qué nos sentimos cómodos, y están basados en nuestros valores y concepciones de lo que es importante y de lo que no lo es. Tener límites saludables es clave para establecer relaciones y amistades apropiadas.

- Es común que las personas tengan límites deficientes debido a los mandatos culturales o la educación que han recibido. En repetidas ocasiones, se nos sugiere evitar decir «No» y aceptar en silencio cualquier maltrato para no molestar a nadie. Sin embargo, los límites deficientes dan como resultado una baja autoestima, una sensación de pérdida de control de la propia vida y un marcado resentimiento hacia los demás. También nos lleva a someternos a la explotación por parte de aquellos que se sienten cómodos usando nuestros pobres límites en su beneficio.

- Hay varios tipos diferentes de límites, entre ellos físicos, emocionales, espirituales, sexuales, digitales, de tiempo e incluso de energía. Sin embargo, todas estas categorías refuerzan el mismo mensaje: eres importante y mereces ser respetado. Ya sea con respecto a tu cuerpo, tus sentimientos, tu tiempo, tus preferencias sexuales o cualquier otra cosa, tienes derecho a exigir lo que deseas de manera adecuada.

- Este libro está destinado a aquellas personas que, por una razón u otra, han llegado a desarrollar límites demasiado laxos o demasiado rígidos. En tal caso, el proceso de aprendizaje requerirá no solo familiarizarte con el concepto de límites saludables, sino también producir un cambio fundamental en cómo te ves a ti mismo. Los demás solo te valorarán cuando tú mismo te valores. Este libro tiene como objetivo cultivar en sus lectores una imagen positiva de sí mismos.

Capítulo 2. Tu relación con los límites

- Los límites personales son aquellos que nos ponemos a nosotros mismos en nuestras interacciones con los demás. Definen los tipos de comportamiento con los que nos sentimos cómodos y con los que no nos sentimos cómodos. Sin embargo, el proceso de establecer límites puede salir mal si elegimos límites demasiado rígidos o demasiado permeables. Por ejemplo, rechazar la intimidad por completo es un signo de lo primero, mientras que tener demasiado miedo de hablar por sí mismo es un ejemplo de lo segundo.

- Afirmar tus límites puede parecer algo aterrador, especialmente para aquellos que nunca antes lo han hecho. Es posible que tengamos miedo al conflicto o nos aterrorice la posibilidad de que otras personas que no estén de acuerdo con nuestros límites nos rechacen. A pesar del recelo inicial, es crucial saber expresar y comunicar lo que nos resulta inaceptable. Esto ayuda a desarrollar una autoestima positiva y a atraer relaciones saludables a nuestras vidas.

- Tendemos a pensar que los límites nos vuelven egoístas, que los demás nos rechazarán si los hacemos respetar, o que son una exigencia demasiado dura para los demás. Nada de esto es cierto. Crear y mantener límites es una habilidad esencial y muy útil para todos.

- Existen diversas razones por las que muchos de nosotros tenemos límites deficientes. Una de las más comunes es haber sufrido un trauma en la infancia, ya que es en esa etapa donde las creencias se establecen y consolidan, para bien o para mal. Los niños que no se sintieron seguros al crecer o cuyos límites fueron violados insistentemente están destinados a internalizar la falta de autoestima que otros han proyectado en ellos. Nuestra cultura suele valorar el sacrificio y el martirio a expensas de la felicidad personal. Aunque es posible que nos encontremos en desventaja en cuanto a aprender sobre los límites, es importante reconocer que comunicar y hacer cumplir nuestros límites es nuestra exclusiva responsabilidad.

Capítulo 3. <u>Límites fuertes, débiles, buenos y malos</u>

- Es muy fácil caer en la trampa de reemplazar límites blandos por límites demasiado rígidos. Podríamos creer que nos estamos protegiendo al levantar un enorme muro emocional a nuestro alrededor, pero en verdad nos estamos aislando de las experiencias positivas que son necesarias para tener una vida plena. Debemos saber reconocer aquello que se ubica en el espacio entre estos dos tipos de límites, e integrarlo en nuestra vida diaria.

- Los límites demasiado débiles inevitablemente serán una carga emocional para nuestra salud mental. Cuando mantenemos esos límites, implícitamente permitimos que otros nos pisoteen. Esto nos lleva a sentirnos usados y despreciados. Por otro lado, los límites rígidos pueden hacernos sentir extremadamente solos. Es comprensible que nos pongamos a la defensiva y nos sobreprotejamos si las personas más cercanas nos han traicionado o lastimado, pero mantener a todo el mundo a distancia solo nos desampara y aísla.

- La clave para establecer buenos límites es concentrarte en lo que te resulta cómodo a ti y a nadie más. Puede ser tentador mirar alrededor y copiar los límites que creemos que deberíamos tener, pero si queremos vivir una vida autónoma, tenemos que hacerlo según nuestras propias reglas. Esto no significa no comprometernos nunca ni ser flexibles. Las relaciones sociales siempre implican dar y recibir. Lo importante es que esto sea algo que consintamos y estemos dispuestos a aceptar.

- Las buenas relaciones de pareja se basan en límites saludables establecidos por ambas partes. Incluso si sufres una baja autoestima de origen, con algo de perseverancia podrás convertirte en una persona capaz de establecer límites saludables en la pareja.

Capítulo 4. <u>Conócete a ti mismo</u>

- Tu identidad y tu relación con los límites están inextricablemente vinculadas. Quienes tienen límites blandos suelen tener problemas porque no han reflexionado realmente sobre lo que quieren. Por otra parte, los límites rígidos son una señal de miedo e inseguridad en relación al mundo exterior y su potencial para causarnos dolor. Nuestra identidad sustenta nuestros valores, y nuestros valores son fundamentales para nuestros límites. Solo cultivando una conciencia de cuáles son nuestros valores podemos comenzar a construir límites saludables.

- Vivimos en un mundo donde todos tienen límites, sean fuertes o débiles. Por ello, no solo debemos ser conscientes de nuestros propios límites, sino también de los límites de quienes nos rodean. Alguien con límites demasiado rígidos podría terminar pasando por encima de los nuestros. Por lo mismo, si tenemos límites flexibles podríamos ser objeto de abuso por parte de quienes quieren controlarnos para su propio beneficio. Quien viola repetidamente nuestros límites a pesar de haber sido advertido, probablemente sea un abusador y debe ser tratado como tal.

- Expresarte en primera persona es una herramienta invaluable cuando se trata de comunicar tus límites a los demás. Esta forma de comunicación tiene como objetivo transmitir cómo nos hacen sentir determinadas acciones cometidas por otros. Si, por ejemplo, nos molesta que nuestro cónyuge no haga su parte de las tareas del hogar, podríamos decirle: «Yo me siento mal y despreciado cuando...».

- A veces, el hecho de comunicar tus límites a los demás no los persuadirá de que dejen de violarlos. En tal caso, podría ser útil hacernos algunas preguntas sobre la persona en cuestión: ¿Existe algún margen de maniobra con respecto a nuestros límites? ¿Puede identificarse algún patrón en la conducta de esa persona? ¿Esta persona está dispuesta a aceptar tus límites? ¿Tú mismo estás consintiendo o permitiendo de alguna manera la violación de tus límites? Considerar las respuestas a preguntas como estas puede ayudarte a determinar el curso de acción apropiado en caso de producirse una violación a tus límites.

Capítulo 5. <u>Construyendo límites ladrillo a ladrillo</u>

- Crear y sostener límites saludables no se puede lograr de la noche a la mañana. Los viejos hábitos tardan en morir y debemos trabajar para construir límites con los que nos sintamos cómodos. Aunque depende completamente de nosotros entender lo que consideramos un límite, existen pasos que podemos seguir para simplificar el proceso.

- Para empezar, es fundamental tener claridad sobre cuáles son nuestros límites. Necesitamos definir por nosotros mismos cuáles son los límites estrictos cuya violación no estamos dispuestos a tolerar y cuáles los límites más flexibles en los que podríamos estar dispuestos a ceder de vez en cuando. Examina tus relaciones o amistades actuales, e identifica los límites que necesitas fortalecer o modificar. Ordénalos por categoría e identifica la causa del mal estado de los límites en cada relación. Luego de haber hecho esto, comunica tus límites respetuosamente expresándote en primera persona y defiende tu postura cuando encuentres resistencia. Si necesitas ayuda, busca el apoyo de un profesional.

- Está claro que podemos cometer errores en nuestro intento de establecer límites saludables, pero conocer algunos de los más comunes puede ayudarte a evitarlos. Estos incluyen ser agresivo, no tener sentido de la oportunidad, estar demasiado preocupado por las reacciones de los demás y sostener conversaciones interminables. Recuerda que lo que necesitas hacer es comunicarte en primera persona.

- Desafortunadamente, algunas personas seguirán sin respetar tus límites a pesar de haberles advertido repetidamente. En tales casos, quizás debas cortar el contacto, ya sea de forma temporal o permanente, incluso si se trata de personas a las que valoras y amas. Al negarse a respetar tus límites, esencialmente te están diciendo que tu bienestar no les importa. Por lo mismo, no son esas personas las que te convenga tener en tu vida, y dejarlas ir puede ser la mejor opción.

Capítulo 6. No es tu turno

- Hasta aquí, nos habíamos centrado principalmente en cómo otros traspasan o pueden traspasar nuestros límites. Sin embargo, también nosotros traspasamos los límites de los demás. Esto no necesariamente nos convierte en personas malas o tóxicas, pero ayuda a reconocer nuestros patrones de comportamiento defectuoso para solucionarlos y construir relaciones más sanas. Puede resultarnos difícil detectar nuestros propios errores, pero algunos ejemplos de cómo traspasamos los límites de los demás pueden ser participando en chismes, llegando tarde a una reunión, revelando secretos que nos comprometimos a guardar, etc.

- Hay varias cosas que podemos hacer para mejorarnos a nosotros mismos en caso de descubrir que no nos hemos comportado correctamente con los demás. El primer paso y el más importante es escuchar y aceptar cuando alguien nos marca algún error que hayamos cometido. Así como nosotros somos libres de tener límites basados en nuestros valores y deseos, los demás también lo son. No existe un límite correcto o incorrecto, y debemos acomodarnos a los demás sin juzgar. En casos de que existan profundas diferencias culturales, es importante recordar que la otra persona proviene de un entorno completamente diferente, con experiencias singulares distintas a las nuestras. En general, vale la pena ser compasivo y estar dispuesto a hablar con los demás.

- En última instancia, mantener límites saludables es una tarea en la que debemos perseverar a lo largo de nuestras vidas. A medida que descubrimos nuevas y mejores formas de comunicarnos, identificamos nuevos valores y prioridades, y nos relacionamos con diferentes grupos de personas, debemos adaptar la manera de hacer cumplir nuestros límites. Aunque mantener límites saludables a veces puede conllevar conflictos y malestar, los muchos beneficios superan grandemente estos inconvenientes menores.

www.ingramcontent.com/pod-product-compliance
Lightning Source LLC
Chambersburg PA
CBHW071237070526
44583CB00017B/2219